Antología
de Sor Juana Inés de la Cruz

Julieta Chufani Zendejas
Compilación, estudio y presentación

Antología
de Sor Juana Inés de la Cruz

Lectorum

México ◆ Miami ◆ Buenos Aires

Antología de Sor Juana Inés de la Cruz
© Julieta Chufani Zendejas, 2013

Lectorum

D. R. © Editorial Lectorum, S. A. de C. V., 2013
Batalla de Casa Blanca Manzana 147 Lote 1621
Col. Leyes de Reforma, 3a. Sección
C. P. 09310, México, D. F.
Tel. 5581 3202
www.lectorum.com.mx
ventas@lectorum.com.mx

    L. D. Books, Inc.
    Miami, Florida
    ldbooks@ldbooks.com

ISBN: 978-149-367-121-2

D. R. © Portada e interiores: Daniel Moreno

Características tipográficas aseguradas conforme a la ley. Prohibida la reproducción total o parcial sin autorización escrita del editor.

Impreso y encuadernado en México.
Printed and bound in Mexico.

Cuadro Cronológico
de Sor Juana Inés de la Cruz

Vida en su pueblo natal

- *1651*

Nace Juana Inés Ramírez de Asbaje en San Miguel Nepantla, Estado de México. Hija de Pedro Manuel de Asbaje y Vargas, natural de Canarias y de Doña Isabel Ramírez de Santillana, natural de Yucapixtla, Nueva España.

Juana fue bautizada en Chimalhuacán el 2 de diciembre de 1648.

Sus primeros años vivió con su familia en Nepantla y posteriormente se mudaron a la hacienda de San Miguel Panoayan.

La fe de bautismo se escribió en la parroquia de Chimalhuacán en donde se asienta que fue bautizada una niña: "Inés, hija de la Iglesia; fueron sus padrinos Miguel Ramírez y Beatriz Ramírez. Los padrinos eran hermanos de la madre de Juana Inés [...] En ese documento la criolla doña Isabel Ramírez de Santillana declara ser madre de seis hijos –cinco mujeres y un hombre–, todos naturales, los tres primeros concebidos con Pedro Manuel de Asbaje y los otros tres con el capitán Diego Ruiz Lozano" (Octavio Paz, 97).

Sor Juana llevó siempre el apellido materno: "Juana Ramírez de Asbaje". Por lo anterior, se dice que Sor Juana fue hija natural, hija de la Iglesia en aquella época.

La separación de sus progenitores y el consiguiente abandono y ausencia de su padre le afectaron profundamente.

Ella creará la figura de su padre como una sombra esculpida en su mente. Octavio Paz en *Las trampas de la fe* –a propósito de su situación de hija ilegítima–, califica de "feroz epigrama" la manera como Sor Juana responde a un "soberbio" lo siguiente:

Julieta Chufani Zendejas

> "El no ser de padre honrado,
> Fuera defecto, a mi ver,
> Si como recibí el ser
> De él, se lo hubiera yo dado.
> Más piadosa fue tu madre,
> Que hizo que a muchas sucedas:
> Para que, entre tantos, puedas
> Tomar el que más te cuadre"

Podemos añadir lo que anota Octavio Paz a este respecto, más que referirse a su bastardía, este poema se refiere al origen del padre de Sor Juana.

• *1654*
Juana pide le den lecciones; y a los cinco años ya sabía leer, escribir y contar. Aprende a leer con la llamada "Amiga", maestra de niños, en Amecameca. Asimismo, estudia en la biblioteca de su abuelo Pedro Ramírez de Santillana. Bajo la tutela de su abuelo, a los ocho años ya había leído a Virgilio, Ovidio, Séneca, Lucrecio y su *De Rerum Natura*.

• *1656* Nace su medio hermano Diego Ruiz Lozano.

• *1658*
Gana la convocatoria infantil para escribir una loa eucarística al Santísimo Sacramento. Su *Loa al Santísimo Sacramento* se presentó para la fiesta de Corpus Cristi en el atrio de la iglesia del convento de Santo Domingo, Amecameca. La estructura de esa composición es la de un romance dividido en dos partes.
Por esa época, ella le pide a sus padres que la vistan de hombre para poder ir a estudiar a la Universidad, ya que las mujeres no tenían acceso a esa casa de estudios.

• *1659*
Nace su media hermana Antonia Ruiz Lozano. También nace, posteriormente, su otra media hermana.

- **1660**

Los padres de Juana la llevan a vivir, acompañada de su abuelo, a la Ciudad de México a casa de sus tíos Juan de Mata y María, su esposa.

Se dice que es en México donde aprendió latín en tan sólo veinte lecciones, pues los libros que más le interesaban estaban escritos precisamente en latín. Sus tíos le piden al bachiller Don Martín de Olivas que le enseñe esa lengua a la joven Juana.

Vida en la corte virreinal

- **1663**

Entra a la corte del virrey Mancera. Fue muy querida de la virreina doña Leonor Carreto, marquesa de Mancera, además de ser objeto de asombro y veneración por su brillante inteligencia.

- **1664-1674**

Es el periodo que abarca la estancia de los virreyes de Mancera en la Nueva España. La fecha de 1663 y 1664 coincide con el ingreso de Sor Juana al convento.

Durante este periodo se presenta el viaje de regreso a España del virrey de Mancera y su esposa, después de un año de finalizada su gestión.

Pertenecen a este periodo los poemas de amor, considerados dentro de la etapa anterior a su entrada al convento, como a los primeros años de vida monástica, pero recogidos en una sola edición. Fue en este periodo cuando Sor Juana sufrió de fiebre tifoidea, asimismo pertenecen a este periodo los poemas dedicados a Laura, el nombre poético con el que ella se dirigía a la Marquesa de Mancera, incluidos los tres sonetos fúnebres escritos a su muerte; igualmente otros poemas dedicados a fray Payo a quien Sor Juana le pide le administre la Confirmación.

A partir de 1674 y hasta 1680 es la etapa del virreinato del Arzobispo Fray Payo Enríquez de Ribera. Es cuando comienza la rehabilitación de Sor Juana de la tifoidea sufrida, y termina con los preparativos para la entrada del nuevo virrey. Corresponden a este periodo los poemas dedicados a fray Payo, y otros sonetos fúnebres dedicados a otras figuras importantes de su época como el Duque de Veraguas, así como los villancicos que se publicaron sueltos a partir de 1676, algunas loas sueltas y el *Neptuno Alegórico*.

Julieta Chufani Zendejas

- *1666*

Muere el abuelo de Juana de Asbaje. Precisamente durante la celebración de la segunda misa, llega Sorpresivamente el padre de Sor Juana, Pedro Manuel de Asbaje, pues el abuelo había dejado dicho que lo buscaran para pagarle una deuda pendiente que tenía con él, cumpliéndose su voluntad y respetando su palabra de hombre de honor. Después de esto, Pedro M. de Asbaje, desapareció para siempre.

- *1667*

El padre Antonio Núñez de Miranda convence a Juana Inés para que entre al convento de las Carmelitas. Don Pedro Velázquez de la Cadena paga la dote.

Entra como novicia al convento de las Carmelitas descalzas de San José de México el 14 de agosto, pero abandona el convento tres meses después.
Encontró demasiado rígida la disciplina, además de motivos de salud, según escriben dos de sus biógrafos: Calleja y Oviedo.

- *1668*

Sor Juana es examinada en Palacio. El Virrey Antonio Sebastián de Toledo convocó a cuarenta letrados para que fuese sometida a prueba, superando el examen con carácter de excelencia.

Vida en el convento de las jerónimas

- *1669*

El 21? de febrero entra al Convento de la Orden de San Jerónimo (también llamado de Santa Paula). Profesa como religiosa con el nombre de Sor Juana Inés de la Cruz. Permanecerá ahí hasta el día de su muerte.
    Escribe un testamento en donde renuncia a todos sus bienes.
    Su madre le da una esclava para que la acompañe, llamada Juana de San José.
    Inicia su relación con el S.J. Antonio Núñez de Miranda, su confeSor.

Hemos de añadir que las monjas de los diversos conventos de la Nueva España estaban obligadas a vivir en comunidad y habitar celdas. Durante el siglo XVII, si las monjas tenían familiares o protectores ricos, solían habitar en celdas individuales.

La celda que compró Sor Juana debió ser de dimensiones considerables, pues como sugiere Josefina Muriel, es posible imaginar dónde vivía Sor Juana, ella tenía: "una biblioteca con más de cinco mil volúmenes, aparatos científicos e instrumentos musicales, cómodas y estantes para guardar las preseas ganadas en concursos literarios y los regalos de sus amigos, virreyes e intelectuales; obviamente su celda contaba con cocina propia donde la esclava que tenía para su servicio personal le prepararía el sabroso chocolate y los deliciosos dulces que luego compartiría con sus distinguidos amigos en el locutorio o les enviaría de regalo, según ella misma cuenta" (*Historia de la vida cotidiana en México*, 75-76).

- *1671 ¿?*
Escribe el Romance al arzobispo fray Payo Enríquez de Ribera.

- *1673*
Sonetos fúnebres al duque de Veragua.
Soneto acróstico a Martín de Olivas

- *1674*
Sonetos fúnebres en honor al fallecimiento de la marquesa de Mancera.

- *1676*
Se publican en México los *Villancicos que se cantaron en la Santa Iglesia Metropolitana de México en los maitines de la Purísima Concepción de Nuestra Señora.*

- *1677*
Se publican en México *los Villancicos que se cantaron en la Santa Iglesia catedral de México a los maitines del Gloriosísimo Príncipe de la Iglesia, el Señor San Pedro.*

Julieta Chufani Zendejas

- **1680**

Escribe el *Neptuno Alegórico* en honor al Marqués de la Laguna. Probablemente escribe en este año *Hombres necios que acusáis...*

- **1681 ¿?**

Escribe su "Autodefensa Espiritual" también conocida como "Carta de Monterrey".

- **1683**

Escribe la comedia de enredo *Los empeños de una casa*.

- **1684**

Vende su esclava a su hermana Josefa María.

- **1668**

Muere Isabel Ramírez de Santillana, madre de Sor Juana.

- **1689**

Escribe la comedia mitológica de enredo intitulada *Amor es más laberinto*, representada en palacio, probablemente en enero de 1689 para celebrar el cumpleaños del virrey Gaspar de Silva y Mendoza, conde de Galve.

Inundación Castálida se publica en Madrid.

- **1689**

Se publica en México el auto sacramental *El Divino Narciso*.

Se representa ¿? *Amor es más laberinto* para celebrar el cumpleaños del virrey conde de Galve.

Se publica en Madrid, bajo el auspicio de la condesa de Paredes, *Inundación Castálida de la única Poetisa, Musa Décima de México, Sor Juana Inés de la Cruz*.

• *1690*

El obispo de Puebla, Manuel Fernández de Santa Cruz, publica la *Carta Atenagórica de la madre Juana Inés de la Cruz* (o *Crítica del sermón del mandato*). Es una obra teológica en donde Sor Juana discurre sobre las finezas de Cristo con lo que parece impugnar al padre jesuita Antonio Vieira, de origen portugués. Este "Sermón del mandato" escrito por el famoso jesuita, Antonio Vieira, fue escrito en 1650.

Se publican por vez primera en Madrid los *Poemas de la única poetisa americana, musa décima, Sor Juana Inés de la Cruz.* (Primer tomo de sus obras completas.)

Por tercera vez, se publican en México los *Villancicos con que se solemnizaron en la Santa Iglesia Catedral de la Puebla de los Ángeles…*

Crisis que termina la relación con su confeSor Núñez de Miranda.

Manuel Fernández de Santa Cruz *("sor Filotea de la Cruz")* envía su carta a Sor Juana.

Etapa sombría: ataques, escándalos, contagio y muerte

• *1691*

Escribe *Respuesta a sor Filotea*, tres meses después de la publicación de *Carta Atenagórica*. Es ésta una respuesta o contestación a la *Carta* del obispo en donde leemos una brillante defensa de sí misma y del derecho de las mujeres a expresarse con libertad.

La *Respuesta a sor Filotea* se publica póstumamente en Puebla.

Villancicos a Santa Catarina de Alejandría, compuestos para la Catedral de Antequera, Oaxaca.

Se publican por tercera vez en Zaragoza, España los *Poemas de la única poetisa americana, musa décima, Sor Juana Inés de la Cruz.*

• *1692*

Por primera vez se publica en Sevilla el segundo tomo de sus obras. (Contiene: *Primero Sueño, El cetro de José, El mártir del sacramento, San Hermenegildo, El Divino Narciso, Los empeños de una casa, Amor es más laberinto, Carta Atenagórica (crisis sobre un sermón), soneto acróstico dedicado al bachiller Martín de Olivas*).

Julieta Chufani Zendejas

- *1693*

Sor Juana renuncia a las letras y dona su biblioteca y todos sus instrumentos y aparatos científicos.

Se publica, por segunda ocasión, el *Segundo volumen de las obras de Sor Juana Inés de la Cruz*.

Regresa con su guía espiritual, el padre Manuel Núñez de Miranda.

- *1694*

Sor Juana ratifica sus votos religiosos el 8 de febrero; y el 18 de febrero protesta defender la Inmaculada Concepción.

Firma su *Propuesta* con su sangre el 5 de marzo.

- *1695*

Lisboa, *Enigmas ofrecidos a la discreta inteligencia de la Soberana Asamblea de la Casa del Placer*.

Muere Sor Juana el 17 de abril, por contagio, víctima de la peste que azotó a la población en aquellos años.

Prólogo
a la antología de Sor Juana Inés de la Cruz

La obra de la gran poetisa mexicana, Juana Inés, ha atrapado la atención de todos y cada uno los lectores de su obra. Invariablemente en los cursos que me ha tocado en suerte impartir tanto en la Universidad, como en los bachilleratos, Sor Juana Inés ha sido siempre elogiada, apreciada y elegida entre los alumnos de estas nuevas generaciones para presentar un trabajo final, entre otros autores que se leen y estudian en la materia de Narrativa Mexicana, o bien, en Autores Clásicos de la Literatura Mexicana.

Las razones, aparentemente, tienen que ver con lo que el maestro explica sobre la vida de los autores dentro del contexto histórico-social de su aparición. Pero, es de la inteligencia, la sensibilidad y la sabiduría de una mujer autodidacta, como Sor Juana, lo que invariablemente presenta un reto a la propia preparación individual, en solitario, que cada alumno, yo incluida, llevamos a cabo cuando se es estudiante de pupitre con un maestro al frente. Pero sola, como estuvo ella, y sin maestro, dura es la tarea.

Encuentro relevante, además, el que tanto a hombres como a mujeres de todas las edades ha cautivado la lectura de toda su obra, tanto la poética como la prosística, las que han sido objeto de numerosos y cuantiosos estudios y análisis tanto en México como en el extranjero.

¿Resultará difícil la lectura y comprensión de la obra de Sor Juana? Uno de los propósitos de esta nueva Antología es poner al alcance de los lectores las valoraciones, apreciaciones y los estudios crítico-literarios que ayuden a una mejor comprensión de los diferentes géneros literarios presentes en la obra de Sor Juana. Gracias a ello, resultará más asequible la lectura y comprensión de la magnífica pluma de esta poeta quien ha permeado varios siglos sorprendiéndonos y maravillándonos siempre.

Algunos de los poemas pueden apropiarse con mucha mayor felicidad desde el corazón que siente y piensa, porque, suponemos, ha sufrido tormentos de amor;

Julieta Chufani Zendejas

pero la superioridad intelectual y mental de una de nuestras escritoras como las de nuestra *Décima Musa*, pone de relieve las grandes figuras que nos hacían falta en nuestra historia. Hay que apropiarnos de ella, de su obra.

Un vistazo hacia atrás, en la historia de la literatura mexicana, nos hará reconocer que hay seres que brillan con luz propia y que todo aquello que tocan con la mirada o el oído y el tacto, en fin, con todos los sentidos que nos ayudan a ver este mundo, se activan de manera tan vibrante, que los poemas no pueden menos que pintar un cuadro de aquellos momentos del alma en donde la pluma y la tinta acuñan, como en grabados, aquello que la propia lectura de una poetisa ha interpretado de su propia lectura del Universo.

Leer a Sor Juana es conocer; conocimiento que parte desde las más diversas fuentes del saber humano: filosófico, teológico, literario, dramático, astronómico, científico, humano.

Se le puede leer desde una perspectiva determinada –aún cuando es precisable decir que también ella haya escrito con una perspectiva determinada– (la de su propio contexto histórico y cultural). La fusión de horizontes se cumple con la ayuda de quien necesite una explicación exhaustiva de la obra de esta escritora, pero también, desde aquellos silencios que se hacen palabra y acompañan la vida de los enamorados. No sólo poesía de amor, escándalos y temores hacen que la dramática vida de Sor Juana –y no digo necesariamente trágica–, sea también apreciada en algunas de sus biografías, pues con gran deleite, la vida de los grandes hombres y mujeres son siempre una compañía que nos invita a actuar y a "medir", ¿por qué no?, nuestros posibles talentos, lo que para algunos significaría correr el riesgo de crear algo propio, aún desde la pura virtualidad mental o imaginativa, pues las posibilidades de nuestro conocimiento, razón y talento despertarían de su pasividad.

Sor Juana escritora, Sor Juana dama de la corte, Sor Juana compañía de los ilustres, Sor Juana amiga, Sor Juana pintora, Sor Juana consejera, Sor Juana administradora, Sor Juana teóloga, Sor Juana monja, Sor Juana hija, Sor Juana hermana y Sor Juana nieta. El camino del espíritu es solitario, pero a Sor Juana la acompañan los campos y las flores, los muros y las celdas, la iglesia y los recuerdos... Ha encontrado un puente con el mundo y con ella misma, ha sido prolífica, pero no se ha guardado para sí todo aquello que sabía, ha dado un paso más y su obra es un legado para nosotros. Sin reservas, fuente inagotable de disquisiciones y pleitos. Cada quien querrá apropiarse algo más de ella, pero sigamos el ejemplo, cada libro escrito sobre ella, nos regala la oportunidad de volver a Sorprendernos con hallazgos, puesto que aún salen a la luz escritos de Sor Juana que se habían mantenido en completo silencio. Dejar salir esas voces, esas letras, mostrarlas al mundo también han recorrido el inventario de las obras de Sor Juana y como con el permiso que se toma el investigador, se han tomado la libertad de exponerlo y presentarlo ante los nuevos y curiosos lectores que, afanados, revisarán pie juntillas todo lo expuesto a propósito de la obra de Juana Inés. El lector, como siempre, tiene la última palabra.

Cuando un escritor provoca en el lector o estudioso de las letras el deseo de escribir, éste se ve impelido, invariablemente también, a llevar a buen fin su tarea, claro que sólo en algunos casos que lo precisen, con las mismas exigencias que su paradigma, tomado de la vida de esta escritora, le ha invitado a realizar con total cuidado y precaución pero, sobre todo —y lo que más llama mi atención—, inspiradas las plumas que saben que ésta será una tarea ardua, rigurosa, porque valdrá la pena. Cuando una vida más ha valido la pena de ser vivida, no obstante los obstáculos de aquellos espíritus faltos de conciencia y de luz que se le oponen, hacen que el trabajo de campo, en archivos, en bibliotecas, en fin, todo lo que diversos autores o autoras han hecho para hacernos llegar a nuestras manos y ante nuestros ojos, sea una muestra del amor que les ha inspirado la vida y obra de Sor Juana, porque digámoslo así, la vida de Sor Juana Inés de la Cruz es interesante. Esa palabra tan malgastada, ese adjetivo acaba convirtiéndose en verbo, ya que hecha a andar las posibilidades de la razón y del entendimiento nuestro, así como los alcances de la sensibilidad creadora que no repara en un trabajo exhaustivo de su propia obra, como de sí misma.

Esta antología presenta una selección de obras de Sor Juana en cuanto poetisa, narradora y escritora de dramas. La selección ha sido personal, amparada en lo que consideré más relevante para los jóvenes o bien, para el lector que se acerca por vez primera a la lectura y análisis de algunas de las obras más representativas —comúnmente sugeridas— de Sor Juana. Intenta esta antología, asimismo, ofrecer un cuadro general —y en ocasiones específico— sobre las obras correspondientes mediante la investigación delimitada, tal vez mínimamente exhaustiva para que el lector encuentre una guía introductoria para cada género literario que Sor Juana abordó.

La *Antología de Sor Juana Inés de la Cruz,* entonces, no es una novela u obra biográfica; sin embargo, cada parte del presente trabajo, muestra en términos generales, lo que se relaciona con la vida familiar, vida en la corte, vida en el convento y muerte de la poetisa.

Julieta Chufani Zendejas

La personalidad traslúcida, enigmática, a falta de más palabras que adornen a Sor Juana, hacen que al escribir una obra sobre ella, las mismas líneas escriturales varíen, incluso, oscilen, entre aspectos aparentemente opuestos, pero complementarios: la mujer y la intelectual, la poetisa y la pensadora, el ser humano en su cotidianidad y el modo tan extraordinario de su actuar en el devenir de los días, su tranquilidad y su ímpetu, su sobrada inteligencia y su ética, su firmeza y su dulzura, su belleza interior y su belleza física que se funden en imágenes, pocas, pero siempre elogiosas de su presencia, deseada, amada por muchos y rechazada por otros, fiel cuadro de los contrastes de la vida. Como si siempre se irguiera un espíritu superior por encima de las pruebas impuestas por ella misma, o venidas de fuera. Probar hasta dónde un ser humano es capaz de llegar, tal vez, sin cuestionable soberbia, a la cima los seres extraordinarios es una de las razones por las cuales resulta admirada.

Bien dice Pedro Salinas que las circunstancias echaron sobre Sor Juana dos vestiduras "las de poetisa, que llevó con garbo y la de monja, que usó con dignidad; pero tanto la una como la otra vestimenta nunca se ajustaron ceñidamente a su persona profunda, porque eran en ella sólo eso, apariencia o exterioridad, cuando más, dos nobles tentativas de encontrarse a sí misma por entre las nieblas de su ser y de su tiempo" (Citado en Lazo, 44).

El contexto histórico de la época virreinal, el ambiente ideológicamente estrecho en el que percibimos que, pese a ello, Sor Juana alcanzó por mérito propio, a adquirir los conocimientos de su tiempo y a configurarlos desde diferentes géneros literarios, puede agregarse al renovado interés de abordar su obra. Como bien expresó Raimundo Lazo "ese virreinato de artificio, de arte barroco, de concluyentes afirmaciones dogmáticas, de principios absolutos y estructura inmutable, perdía ya sin saberlo, su espíritu y su pasión romántica […] en esa poco perceptible transición hispanoamericana del Barroquismo místico al Iluminismo realista, humanamente realista y revolucionario, está Sor Juana, con su disparado afán de saber, con su ingenua y múltiple curiosidad intelectual, con su espíritu refinado y su clara voz, con su temperamento y su carácter, con su delicadeza y con su firmeza, espíritu adolescente en una época vagamente auroral" (43).

Al fin, Sor Juana es la unidad de contrastes como los de su época. Desde su tierna infancia, los episodios que se presentan, son los de una infancia en la que ella da muestras de una inquietud intelectual propia de la madurez; sin embargo, es una niña que triunfa desde entonces sobre los lineamientos y predisposiciones de una sociedad que "espera" algo diferente a lo que Sor Juana desea. Sor Juana quiere lo que las demás mujeres no han siquiera pensado llegar a ser alguna vez: estudiante de la Universidad. Bien conocida es esa parte de la vida de Sor Juana cuando ella quería vestirse de hombre para poder entrar a las clases. Esos otros triunfos sobre la corte virreinal constituida por examinadores y más adelante por encumbrados y notables personajes de la Iglesia son librados gallardamente y a cabalidad sin más socorro que el suyo propio.

Su vida en el claustro y su prolija producción de obras de muy distinta índole, el consecuente éxito y la fama, no brillaron en la luz de su destino por mucho tiempo cuando los escándalos, amenazas y castigos sustituyeron la palabra por el silencio y el retiro para, posteriormente, contagiarse y morir.

Fénix de las Américas y Décima musa
¿Por qué fue considerada una musa? Margo Glanz, escritora, explica que, en primera instancia, fue notorio que Sor Juana tenía especial inclinación a las letras. A partir del momento en que Sor Juana publica sus obras, los elogios y comentarios resultaron verdaderamente hiperbólicos, aún a pesar de que los comentarios exacerbados en la corte virreinal eran comunes, eran muestra de la admiración que Juana Inés provocaba.

El bachiller Diego de Ribera, uno de los personajes que hemos mencionado en el cuadro cronológico de la vida de Sor Juana, es quien la eleva, por vez primera, a la categoría de Musa. En otro libro de Sor Juana, *Inundación Castálida*, se le designa como "Décima Musa* –nombre que Platón hubiese querido dar a Safo de Lesbos–; no obstante los epítetos anteriores, Don Carlos de Sigüenza y Góngora la llama 'Fénix de la erudición' en la línea de todas las ciencias y emulación de los más delicados ingenios, gloria inmortal de la Nueva España".

---

* De las nueve musas de la mitología griega, hijas del dios Zeus y la diosa Mnemosine, Sor Juana es nombrada la "Décima Musa".

I

Primera parte

De poesía, canto y espectáculo: el villancico

Antecedentes del villancico.

Su definición, como género polifónico (que tiene varias voces), es de carácter profano (no religioso o que sirve a propósitos religiosos). Surgió a finales del siglo XV en España, aunque resulta inexacto si consideramos que los villancicos son canciones de iglesia. Para precisar lo anterior, daremos algunas características generales del *villancico*:

- Género de copla (o canción) que se compone para ser cantado.
- Su carácter es musical.
- Su origen es popular.
- Fue una modalidad compositiva que los poetas cultos cultivaron más tarde y por ello no se restringiría al ámbito religioso.
- Los recursos que utiliza son: el diálogo y la exhortación.
- Tuvieron un carácter teatral (fueron representaciones acompañadas por música y un número considerable de participantes).

Originalmente el término *villancico* se aplicaba a breves cancioncillas de carácter popular y tradicional cuyo tema, frecuentemente, era amoroso.

Asimismo, podemos agregar que estas cancioncillas se incluyeron en una composición más larga en un poema atribuido al marqués de Santillana: "*Villancico fecho por... a unas tres fijas suyas*" en donde encontramos la primera documentación del término *villancico*.

En cuanto a los antecedentes del villancico, en el libro *Los villancicos de Sor Juana* (1999) de Martha Lilia Tenorio, encontramos una valiosa investigación a propósito de este tema, tan exhaustiva que, por motivos especiales de nuestra presente edición de la *Antología de Sor Juana Inés de la Cruz*, retomaremos lo más

...nes. Por ejemplo, según Le Gentil, el desarrollo histórico r inicialmente una cancioncilla rústica; posteriormente, es-ıres, empezaron a aparecer en forma fija.

ı⌐   .o es sino hasta principios del siglo XVI que el nombre *villancico* designaba u. .nposición de forma fija: estribillo corto (dos o tres versos) monorrimos, cierto número de estrofas de idéntica estructura divididos en dos partes, según la rima (mudanza y vuelta en el lenguaje más adecuado).

Ejemplo:

Enemiga le soy, madre,   (estribillo de tres versos)
A aquel caballero yo;
Mal enemiga le soy.

En mí contempla y adora
Como a Dios que l'es testigo;
Él me tiene por señora,
Yo a él por enemigo;   (copla)
Dos mil veces le maldigo,
Por lo qual no mereció;   (vuelta)
Mal enemiga le soy.

La canción y el villancico. Como apuntamos en las características generales del *villancico*, éste se encuentra muy relacionado con otra forma de la época: la *canción*.

Una *canción* podía ser considerada como todo poema cantado; sin embargo, el término *villancico*, en el último tercio del siglo XVI en España, comenzaría a diferenciarse de la canción, pues aquél designaba las composiciones de tema religioso; en tanto la canción se reservó para los temas profanos.

De la estructura de los villancicos. Los villancicos tienen una forma dialógica, sus antecedentes los podemos encontrar en las jarchas como en las cantigas en donde hay diálogos muy sencillos. Más adelante, los poetas de la corte fueron cultivando aquellos diálogos para desarrollarlos posteriormente. Los estudiosos de este tipo de composición llamada *villancico,* explican que se encuentra muy cerca de una "discusión escolástica" trivial, a base de "preguntas y respuestas".

El villancico en el siglo XVII en España. El villancico barroco era un conjunto de piezas poéticas con una estructura determinada (introducción, estribillo, coplas), agrupadas en series o juegos que siguen la confrontación de los maitines (tres nocturnos, cada uno con tres letras), acompañados de música compuesta por un maestro de capilla. Podemos agregar que los maitines, conjunto de servicios no sacramentales de la oración cristiana, debían ser cantados en momentos determinados del día cuya finalidad era la de santificar ciertos momentos del día precisamente. Pero, en el caso de los villancicos, éstos solían ser cantados en las fiestas litúrgicas, las más comunes eran las siguientes: Navidad, Corpus Cristi, Reyes, Concepción, Asunción, fiestas de santos o de profesiones religiosas. Se dice que, como acontecimiento cultural, durante estas presentaciones era donde los fieles escuchaban buena poesía y buena música, lo cual no fue del total agrado de la Iglesia, pues no seguían fielmente el orden de la liturgia, ortodoxamente hablando.

No obstante, en España, las catedrales más acaudaladas fueron las iniciadoras de la tradición de los villancicos, puesto que podían costear los textos con el fin de que el público asistente (los feligreses) pudieran seguir la letra que se cantaba y así disfrutar aún más de los festejos litúrgicos a los que acudían fielmente. Los textos se repartían en hojas sueltas.

Durante la segunda mitad del siglo XVII marca la cumbre del villancico barroco, esto es así puesto que:

> La variedad métrica se hizo cada vez más notable, los estribillos se complicaron, aparecieron las seguidillas junto a los romances, la jácara y la glosa alternaban con la tonadilla, el verso de arte menor convivía sin complejo alguno con el de arte mayor. En la composición de las letras es cada vez más notoria la invención de maneras para tratar los temas clásicos; no hay reparo alguno en entretejer el chiste vulgar con las presentaciones de algún misterio religioso o de algún pasaje de la Escritura (Tenorio, Marta Lilia, 29).

En estos llamados "juegos", la metáfora o la invención de una alegoría continuada, eran brillantes modos de contar una historia de manera más plástica. De hecho, subrayando esta idea, el recurso de la metáfora se utilizó sin recato alguno como procedimiento para decir de la vida cotidiana de los santos, el nacimiento de Cristo, la Asunción de la Virgen, etc. Prácticamente los temas eran más bien alegres, es decir, no hay villancicos relacionados con la muerte de Cristo, por ejemplo.

Como analogía de un día de mercado leemos:

Oygan, escuchen,
y al Niño diviertan
las voces, los tonos,
que imitan, remedan, de quantos pregonan
en voces diversas

Julieta Chufani Zendejas

¿Quieren azufa y fas?
limas de Valencia
hilu portugués,
castañas ingertas.
¿Quién me la lleva
La xácara nueva?
Lleven por vn quarto
la Relación nueva,
cómo en Dios se hallan
dos naturalezas:

Oygan, atiendan,
verán que se venden
mil cosas diversas

(Tomado de *Villancicos de los siglos XVII y XVIII*: Martha Lilia Tenorio, 30).

Del villancico en la Nueva España. El villancico llegó a América como una forma literaria y musical bien definida y estructurada. En Nueva España no floreció el villancico profano, sino el sacro.

Durante el siglo XVI, recordaremos que una vez realizada la conquista armada con Hernán Cortés, comenzó la conquista espiritual. Se supone que hacia 1543 en la Catedral de la ciudad de México se cantaban "chanzonetas para Navidad y Pascua" (*Sor Juana y su mundo*: El villancico Novohispano, 471). Asimismo, en un principio los frailes también hicieron uso del teatro evangelizador para asimilar a los antiguos mexicanos a la nueva religión. Según Martha Lilia Tenorio, probablemente del trabajo de los frailes hayan surgido los villancicos escritos en náhuatl.

Además del teatro de evangelización, la producción de villancicos fue abundante y también, como en España, a petición de algunas catedrales para celebrar alguna fiesta. Asimismo, se imprimían con mucha mayor facilidad que los trabajos que los académicos deseaban publicar. De lo anterior se desprende la idea de que los villancicos eran muy populares.

Básicamente podemos decir que estaban destinados a un público urbano, más o menos cultivado y, si el maestro de capilla y el villanciquero se lucían, era porque el público era capaz de apreciar su arte. Claro está que los villancicos no pretendían evangelizar; más bien se trataba de "entretener a un público criollo-mestizo, atento a las novedades y tendencias culturales de la Península, y perteneciente a un élite cultural bien definida" (473). Igualmente se imprimían en hojas sueltas y podían adquirir en librerías. El público no cantaba, únicamente lo hacía el coro.

Los villancicos conforman una producción literaria en serie y son parte de la poesía virreinal.

El auge de los villancicos en la Nueva España se da entre el último tercio del siglo XVII y la primera mitad del siglo XVIII. Hacia 1676 podemos apreciar una cantidad considerable de juegos, algunos anónimos y otros no como los de la autoría de Sor Juana, así se le califica: "la monja es la reina, con un séquito bastante numeroso y productivo" (476).

A diferencia del teatro de evangelización, la función de los villancicos era la de solemnizar las fiestas.

Los poetas actualizaban el tema en el que todos creían; repetían episodios conocidos por todos, de ahí la limitación de sus temas. Se componían teniendo siempre en mente al público destinatario, casi se podrían decir que en colaboración con él. El poeta, por muy de avanzada que fuera, no podía librarse de las prácticas y gustos de la época; trabajaba para un patrón (la Iglesia) y para un público que esperaba ver satisfechas sus expectativas. "La gente del templo no esperaba concepciones originales, sino una manera novedosa de tratar los temas de siempre." Aquí radica, precisamente, la riqueza de los villancicos: las innovaciones en el tratamiento de las mismas fiestas parecen ser inagotables, y el despliegue de recursos es en verdad digno de atención (476).

Para finalizar, resumimos que había dos casos importantes y diferentes de villancicos en la Nueva España:

a) Los tocotines o danzas náhuatl.
b) Los villancicos de Sor Juana. Ella sigue más de cerca la retórica del género y a sus modelos (Góngora, Calderón, Lope, Pérez de Montoro, León Marchante, Valdivielso).

Como dijimos anteriormente, Fernán González de Eslava fue el más grande villanciquero de España en el siglo XVI; en Nueva España, Sor Juana en el siglo XVII.

Los villancicos de Sor Juana. Los villancicos junto con las letras sacras, ocupan una gran parte de la obra lírica de Sor Juana. Pero parece ser que les concedió poca atención, ya que descuidó en algunas ediciones de sus obras la inclusión de ellos, nunca se recopilaron en una edición especial, separada de su otra producción, ya sea por atribución dudosa o porque fueran anónimos, también es cierto que esta indiferencia era propia de la época.

La producción de villancicos era común y muy extendida en Nueva España, eran ejercicios de versificación. Tanto para ella, como para sus contemporáneos, el lugar más elevado en la escala poética lo ocupaban, sin lugar a dudas, el *Polifemo* y las *Soledades* de Góngora.

En la elaboración de este género debían considerar una serie de fórmulas fijas, igualmente pudieron componerse con nuevas posibilidades creativas y técnicas, sin olvidar por completo a los antiguos "letristas" como Lope o Góngora; sin embargo, el reto consistía en escribir con chispa aquello que era popular. Al fin y al cabo, aquella sociedad deseaba ardientemente escuchar y gozar esas novedades.

Hemos de agregar que los poetas cultos que escribían villancicos nunca perdían su individualidad aunque estuvieran trabajando con una forma popular. Como tenían jueces, los poetas cultos se esmeraban y buscaban siempre su lucimiento.

Es importante hacer notar que la composición de villancicos no implicaba necesariamente una devoción o fervor especial por parte de su creador. Eran más bien obra de hombres o mujeres de letras, como en el caso de Sor Juana, aunque bien podían no ser religiosos.

La idea era poner en juego su conocimiento, su dominio de las formas poéticas y el talento que en ello reflejaban. Cierto es, por otra parte, que eran expresiones piadosas, pero no se trataba de poesía mística.

La cuestión es que, en el desarrollo de este género tenemos tres aspectos que destacan: el carácter musical de los villancicos, su origen popular y la apropiación de los poetas cultos para, finalmente, restringirse al ámbito religioso.

Estructuralmente, hay un elemento que lo ha caracterizado: el estribillo (más bien breve de dos a cuatro versos) y con una organización estrófica bien determinada. Esta "composición para ser cantada" puede explicarse por un autor de la época:

> En los villancicos hay cabeza y pies; la cabeza es una copla de dos, tres o cuatro versos que en sus batallas las llaman los italianos *repetición* o *represa*, porque se suele repetir después de los pies. Los pies son una copla de seis versos que son como una glosa de la sentencia que se contiene en la cabeza. Los pies de los villancicos de ordinario han de ser seis. Los dos primeros se llaman primera mudanza y los dos siguientes segunda mudanza porque en ellos se varía y muda la sonada de la cabeza. A los dos postreros llaman *vuelta*, porque en ellos

se vuelve al primer tono, y tras ellos se repite uno de los versos últimos de la represa. Las consonancias de los pies serán según fueron los de la cabeza (*Sor Juana y su mundo*: El villancico novohispano, 457).

En el aspecto formal, el trabajo de Sor Juana es especialmente notable, ya que ella es una de los poetas más prolíficas en hallazgos métricos. Antonio Alatorre dice que fueron muchas las formas que reavivó, reanimó e incluso inventó Sor Juana. Por ejemplo, al referirse a una de las composiciones de villancicos con estribillo, compara un estribillo de Góngora con otro de Sor Juana:

¿Quién oyó?
¿Quién oyó?
¿Quién ha visto lo que yo?

(Góngora)

¿Quién oyó? ¿Quién oyó? ¿Quién miró?
¿Quién oyó lo que yo:
Que el hombre domine, y obedezca Dios?
¿Quién oyó? ¿Quién oyó lo que yo?

(Sor Juana)

La libertad métrica era muy usual en los villancicos, ya que buena parte del encanto está en el arte de la versificación, máxime si se trata de composiciones para ser cantadas, acompañadas de música (ritmo y letra debían ser musicalizadas). Martha Lilia Tenorio opina que este tipo de composición debió llamar la atención de Sor Juana, ya que tiene características híbridas:

"El carácter mixto (culto/popular; religioso/profano): un discurso elaborado, complejo y muy pensado, que debe lograr el efecto de espontaneidad; un discurso con un mensaje religioso predeterminado, que sin embargo debe eliminar todo efecto doctrinario o dogmático; una forma fija y muy convencional, que debe dar sensación de frescura; la combinación del objetivo teológico-didáctico con el tono juglaresco (494)."

Además, la compasión de la que hablábamos anteriormente, la sabe reflejar humanizando las figuras de santos como, por ejemplo, la de San Pedro cuando escudriña en el alma humana tomando como punto de partida el arrepentimiento de este apóstol, con lo cual ella crea un motivo de reflexión y entendimiento (compasión) del alma humana:

¡Oh Pastor, que has perdido
al que tu pecho adora!

Julieta Chufani Zendejas

> Llora, llora:
> y deja, dolorido,
> en lágrimas deshecho
> el rostro, el corazón, el alma, el pecho…

Los estudiosos de la obra de Sor Juana nos opinan que el villancico 7 del juego de la Concepción (1676) presenta una manera original, con una claridad especial en su manera de presentar la vida de los santos. No podemos olvidar que Sor Juana tiene un agudo conceptismo, de ahí los destellos de ingenio que encontramos en sus villancicos. En una ensalada se burla de un sacristán:

PRIMER NOCTURNO (1676)
VILLANCICO I
Cercenando de Virgilio
y zurciendo lo cortado,
más sastre que cantor, hizo
estas coplas de retazos;
con lo cual, consiguió hacer,
después de estar muy cansado,
ajena toda la obra
y suyo todo el trabajo

El feminismo de Sor Juana en el villancico a Santa Catarina (1691). En esta pieza, podemos analizar varias cuestiones interesantes. En primer lugar, el paralelismo de la vida de Santa Catarina y la de Sor Juana.

Santa Catarina nació en Alejandría, Egipto hacia el año 290. Fue una mujer dotada con una gran inteligencia y belleza extraordinaria. Muy joven, a los diecisiete años, se situaba al mismo nivel de conocimientos que los grandes sabios y poetas de su época. Cuentan que una noche se le apareció Cristo y ella decidió entregarle su vida por completo, consagrándole su vida.

Más adelante, cuando el Emperador Majencio acudió a Alejandría a presidir una fiesta pagana de cierta importancia, ella aprovechó la ocasión para intentar la conversión al cristianismo de este hombre, así como se quejó con él por maltratar a los cristianos e intentó hacerle ver lo errado del paganismo. Pero él, furioso, decidió ponerla a prueba mediante un debate filosófico en el que estuvieron presentes cincuenta sabios a quienes trataría, asimismo, de convertir.

Para Sorpresa de Majencio, Catalina lo logró, pero aquél mandó matar a todos los sabios no sin antes proponerle a Catalina que se casara con uno de ellos, a lo que ella se negó. Debido a todo esto, ella sería torturada mediante una máquina cuyas ruedas guarnecían unos clavos. El milagro sucedió cuando las ruedas, al tratar de pasar encima de ella, se rompieron. No obstante, la mandó ejecutar y decapitar.

Por otro lado, Sor Juana era inteligente y bella; pasó un examen convocado por el virrey Mancera donde cuarenta sabios interrogarían a la joven, obteniendo un éxito rotundo en sus respuestas y superando las expectativas de los presentes; en su caso, hizo votos y se entregó a Cristo como religiosa.

ANTOLOGÍA
Villancico santa catarina
(Fragmento)

Introducción
Villancicos con que se solemnizaron en la S. catedral de la ciudad de Antequera, Valle de Oajaca, los Maitines de la gloriosa Mártir Santa Catalina de Alejandría, este año de 1691. Discurriólos la erudición sin segunda y admirable entendimiento de la M. Juana Inés de la Cruz, religiosa y Profesa de Velo y coro del religiosísimo convento del señor de San Jerónimo, de la ciudad de México, en obsequio de esta Rosa de Alejandría. Púsolos en metro músico el Licenciado Don Mateo Vallados, Maestro de Capilla.

Primero nocturno
Villancico i
Estribillo
Aguas puras del Nilo,
parad, parad,
y no le llevéis
el tributo al Mar,
pues él vuestras dichas
puede envidiar.
¡No, no, no corráis,
pues ya no podéis
aspirar a más!
¡Parad, parad!

Julieta Chufani Zendejas

Coplas
Sosiega, Nilo undoso,
tu líquida corriente;
tente, tente,
párate a ver gozoso
la que fecundas, bella,
de la Tierra, del Cielo, Rosa, Estrella.
Tu corriente oportuna,
que piadoso moviste
viste, viste
que de Moisés fue cuna
siendo arrullo a su oído
la onda, la espuma, el tumbo y el sonido.
Mas venturoso ahora
de abundancia de bienes,
tienes, tienes
la que tu margen dora.
Belleza, más lozana
que Abigaíl, Esther, Raquel, Susana.
La hermosa Catarina [sic]
que la gloria gitana
vana, vana
elevó a ser divina,
y en las virtudes trueca
de Débora, Jael, Judith, Rebeca.
No en frágil hermosura,
que aprecia el loco abuso,
puso, puso
esperanza segura,
bien que excedió su cara
la de Ruth, Bethsabé, Thamar y Sara.
A ésta, Nilo sagrado,
tu corriente sonante
cante, cante,
y en concierto acordado
tus ondas sean veloces
sílabas, lenguas, números y voces.

II

Segunda parte
1680-1688
Época de gran producción literaria. Poesía, prosa y teatro

Desde el año 1680 hasta 1688, Sor Juana vivió una época de enorme producción literaria, en la que abundan diversos tipos de composición poética: sonetos, endechas, glosas, quintillas, décimas, redondillas, ovillejos amorosos, religiosos, filosóficos y satíricos, romances. En fin, esta cualidad de poeta prolífica y de poesía excelsa, la sitúa entre los más valiosos poetas de su época.

Comencemos por decir que de la obra escrita en prosa por Sor Juana, el *Neptuno Alegórico* es la primera de éstas, escrita en 1680 con motivo de la entrada a la ciudad de México de los nuevos virreyes, los Marqueses de la Laguna y Condes de Paredes.

Como bien se ha dicho en los numerosos libros que hablan de la vida y obra de Sor Juana, en esta época comienza con la concepción del *Neptuno Alegórico*, el cual es un arco triunfal en honor de los marqueses de la Laguna y Condes de Paredes. Es ésta una obra barroca, la cual le abrió las puertas de palacio, convirtiéndola en la favorita de los virreyes, sus mecenas.

El Neptuno Alegórico

Introducción a *El Neptuno Alegórico*: Obra de arquitectura efímera. El *Neptuno Alegórico*, compuesto por Sor Juana a la llegada del Marqués de la Laguna a Nueva España como virrey, nos permite apreciar que se trata de uno de los momentos en que una sociedad fuertemente jerarquizada, opta por una cultura simbólica y jeroglífica para manifestarse.

Es una obra absolutamente barroca en la que confluyen los más diversos ámbitos de la vida novohispana: la literatura, la pintura, la arquitectura, (aún la misma sociedad, el pueblo entero, conformó parte del espectáculo).

Julieta Chufani Zendejas

El *Neptuno Alegórico* es una obra pictórico-literaria, y como tal, se trata de una arquitectura efímera, que se levanta con motivos de fiestas especiales o acontecimientos solemnes, así como en ocasiones de entradas triunfales y celebraciones funerarias. En este caso, es un arco triunfal, un recibimiento solemne, con gran contenido simbólico y artístico.

En aquel mundo cortesano, el recurso de la mitología como forma de alegorización del poder fue repetido y constante, de aquí que como explica Fernando Checa:

> No es por eso extraño que personajes como Sor Juana Inés de la Cruz y Carlos de Sigüenza y Góngora encontraran en el panteón greco-latino y el azteca el mejor lugar para significar una serie de virtudes que consideraron oportunas utilizar como medio de exaltación del virrey, en el caso que ahora nos interesa, la persona de Tomás Manuel de la Cerda, marqués de la Laguna, que tomó posesión de su cargo de virrey de Nueva España el 7 de noviembre de 1680. (*Sor Juana y su mundo*: Arquitectura efímera e imagen del poder, 287).

Este Dios, Neptuno, fue elegido por Sor Juana de entre los dioses y héroes de la antigüedad, pues se dice de su obra magnífica que: "Quiso la erudita antigüedad hacer un dibujo de su Excelencia tan verdadera como lo dirán las danzas de sus hazañas" (Sor Juana).

Es de suma importancia revisar lo siguiente: Sor Juana utiliza extremos cognoscibles entre la imagen del dios de las aguas, Neptuno, y el marqués de la Laguna, *su Excelencia*.

Características peculiares de *El Neptuno Alegórico*. Según el estudioso Sor juanista, José Pascual Buxó, es una obra pictórico-literaria, un libro de emblemas en el cual, por medio de los colores se concretan las ideas y las imágenes que, bajo la cubierta de un dios fabuloso, representan el ideal político de un príncipe católico, sabio, prudente, poderoso y justiciero.

Por supuesto, se precisa de erudición para entenderlo; sin embargo, lo que podemos entender es que intenta resaltar las cualidades del nuevo virrey de Nueva España en donde deben resaltar sus virtudes políticas y morales.

> Efectivamente, en los tableros de ese arco triunfal erigido frente a la entrada occidental de la catedral, se colocaron lienzos en los que se representaron las hazañas y virtudes del dios Neptuno, todo esto ante los ojos de los incultos y cultos que presenciaron tal acontecimiento y espectáculo. Obviamente debía prestarse atención a las inscripciones o versos escritos, y no sólo a las pinturas.

Añade Buxó: " […] unos y otros –ya fuese por intermediación de las imágenes o las palabras–, comprendían sin duda los mensajes insinuados por aquel 'Demóstenes mudo/ que con voces de colores /nos publica nuestros triunfos'". (Tomado de: Función política de los emblemas en el *Neptuno Alegórico* de Sor Juana Inés de la Cruz. http://www.cervantesvirtual.com/swerulet/SirveObras. Biblioteca virtual Miguel cervantes. 7 de julio de 2010).

Neptuno aparece acompañado de su esposa, la bella Anfitrite, así como de muchos dioses marinos. Sobre la pintura se puso: "Triple en su oficio" y debajo un soneto de Sor Juana con las analogías entre las deidades que rinden pleitesía a Neptuno y los habitantes de la laguna mexicana que se postraron ante su mandatario, así como se señalaba la cualidad de las aguas sobre las que gobierna Neptuno: dulces, amargas y saladas, además del bastón de mando del Marqués de la Laguna, símbolo del triple poder del virrey: civil, judicial y militar.

Hemos de agregar que, una parte del *Neptuno Alegórico* está escrito en prosa y otras partes en verso, como en el inicio y en la presentación de cada uno de los ocho argumentos de los lienzos.

A continuación presentamos un fragmento del comienzo del *Neptuno Alegórico*:

[…]

Excelentísimo Señor: Costumbre fue en la antigüedad, y muy especialmente de los egipcios, adorar sus deidades debajo de diferentes jeroglíficos y formas varias: y así a Dios solían representar en un círculo […] por ser símbolo de lo infinito. No porque juzgasen que la Deidad, siendo infinita, pudiera estrecharse a la figura y término de cuantidad [sic.] limitada; sino porque, como eran cosas que carecían de toda forma visible, y por consiguiente, imposibles de mostrarse a los ojos de los hombres […], fue necesario buscarles jeroglíficos, que por similitud, ya que no por perfecta imagen, las representasen.

[…]

Y siendo las ilustres proezas y hazañas que en V. Exa. Admira el mundo, tan grandes que no es capaz el entendimiento de comprenderlas ni la pluma de expresarlas, no habrá sido fuera de razón el buscar ideas y jeroglíficos que simbólicamente representen algunas de las innumerables prerrogativas que resplandecen en V. Exa., así por la clara real estirpe que le ennoblece, como por los más ínclitos blasones personales que le adornan.

Estructura de *El Neptuno Alegórico*. Consta de dos partes, la primera es una descripción en prosa titulada *Razón de la fábrica alegórica* y aplicación de la fábula, la segunda

Julieta Chufani Zendejas

es en verso titulada *Explicación del Arco*, que circuló en hoja aparte. Los versos fueron escritos para ser recitados frente al Arco para explicarle al Virrey, a su cortejo y al pueblo las alegorías y símbolos representados, la siguiente *Explicación del Arco* es una loa.

Explicación del arco

Si acaso, Príncipe excelso,
cuando invoco vuestro influjo,
con tan divinos ardores
yo misma no me confundo;
si acaso cuando a mi voz
se encomienda tanto asunto,
no rompe lo que concibo
las cláusulas que pronuncio;
si acaso cuando ambiciosa
a vuestras luces procuro
acercarme, no me abrasan
los mismos rayos que busco,
escuchad de vuestras glorias,
aunque con estilo rudo,
en bien copiadas ideas los mal formados trasuntos.
Este, Señor, triunfal arco,
que artificioso compuso
más el estudio al amor
que no el amor del estudio;
éste que en obsequio vuestro
gloriosamente introdujo
a ser vecino del cielo
el afecto y el discurso;
este Cicerón sin lengua,
este Demóstenes mudo,
que con voces de colores
nos publica vuestros triunfos;
este explorador del aire,
que entre sus arcos puros
sube a investigar curioso
los imperceptibles rumbos;

esta atalaya del cielo,
que, a ser racional, presumo
que el sol pudiera contarle
los rayos uno por uno;
este Prometeo de lienzos
y Dédalos de dibujos,
que impune usurpa los rayos,
que surca vientos seguros;
éste, a cuya cumbre excelsa
gozando sacros indultos,
ni aire agitado profana,
ni rayo ofende trisulco;
éste pues, que aunque de altivo
goza tantos tributos,
hasta estar a vuestras plantas
no mereció el grado sumo,
la Metrópoli Imperial
os consagra por preludio
de lo que en servicio vuestro
piensa obrar el amor suyo,
con su sagrado Pastor,
a cuyos silbos y a cuyo
cayado, humilde rebaño
obedece el Nuevo Mundo
(el que mejor que de Admeto,
siendo deidad y hombre junto,
sin deponer lo divino
lo humano ejercitar supo),
y el Venerable Cabildo,
en quien a un tiempo descubro,
si inmensas flores de letras,
de virtud colmados frutos.
Y satisfaga, Señor,
mientras la idea discurro,
el afecto que os consagro,
a la atención que os usurpo.

Julieta Chufani Zendejas

I

Aquel lienzo, Señor, que en la fachada
corona airosamente la portada,
en que émulo de Apeles
con docta imitación de sus pinceles
al amor usurpa la fluxible plata
que en argentadas ondas se dilata;
en cuyo campo hermoso está copiado
el Monarca del Agua coronado,
a cuya deidad sacra pone altares
el Océano, padre de los mares,
que el cerúleo tridente
inclina humilde la lunada frente;
y el que fue con bramidos terror antes
a los náufragos tristes navegantes,
ya debajo del yugo que le oprime,
tímido muge y reverente gime,
sustentando en la espalda cristalina
tanta de la república marina
festiva copia, turba que nadante
al árbitro del mar festeja amante,
y en formas varias que lucida ostenta,
las altas representa
virtudes, que en concierto eslabonado
flexible forman círculo dorado
que sirve en un engace y otro bello
de esmaltada cadena de alto cuello:
un bosquejo es, Señor, que con torpeza
los de vuestra grandeza
blasones, representa esclarecidos
de timbres heredados y adquiridos,
pues con tan generosas prontitudes
os acompaña todas las virtudes,
que estáis de sus empresas adornado,
cuando más solo más acompañado.

La *Crisis de un Sermón* o *Carta Atenagórica*

Antecedentes. La famosa *Respuesta a sor Filotea* necesita una explicación anterior a su lectura para que pueda ser entendida a cabalidad. Diremos que a finales de noviembre de 1690 en Puebla apareció un folleto titulado *Carta atenagórica de la madre Juana Inés de la cruz, religiosa profesa de velo y coro en el muy religioso convento de San Jerónimo [...] Que imprime y dedica a la misma Sor Philotea de la Cruz, su estudiosa aficionada en el convento de la Santísima Trinidad de la Puebla de los Ángeles.*

El escrito de Sor Juana, en prosa y en forma de carta, no fue sino una crítica al *Sermón del Mandato* del padre jesuita portugués Antonio de Vieira. La respuesta al *Sermón del Mandato* circuló de mano en mano hasta que cayó en las del Obispo de Puebla, Manuel Fernández de Santa Cruz y Sahagún, quien conocía bien a Sor Juana porque se habían cantado villancicos de ella en la Catedral de Puebla.

El Obispo quedó maravillado con los conceptos que Sor Juana presentaba sobre el sermón mencionado y es entonces cuando él decide imprimir esta polémica carta titulándola *Carta Atenagórica*, es decir, carta digna de la sabiduría de Atenea o Minerva, diosa de la sabiduría. El impreso lo dedica a su autora bajo el seudónimo de sor Filotea de la Cruz "Para que Vuestra Madre –le dice en la misiva a parte con que se la envía–, se vea en este papel de mejor letra, le he impreso; y para que reconozca los teSoros que Dios depositó en su alma, y le sea, como más entendida, más agradecida" (*Obras completas*, Aguilar, 483).

La *Carta Atenagórica* ha recibido numerosos elogios, pues su argumentación y el rigor lógico con que ella habla de las finezas de Cristo (tema del *Sermón del Mandato*), supera las ideas del padre Vieira, además de estar escrito en una prosa clara y sencilla con la que explica Sor Juana sus argumentos. Esta *Carta* terminó por ser considerada un ensayo teológico-polémico que reviste conclusiones asombrosas por el rigor de las deducciones y la sobriedad de estilo como por la altura de conocimientos ahí vertidos. Lo paradójico es que así como el Obispo de Puebla le publica su escrito, también le reprocha su dedicación a las letras y le reprende por no dedicarse más a asuntos sagrados.

Octavio Paz en su libro *Sor Juana Inés dela Cruz* o *Las trampas de la fe,* lo analiza de este modo:

"Extraña actitud que mezcla el amor a la severidad y en la que el elogio esconde una grave amonestación. La actitud de Sor Juana es igualmente extraña: escribe por mandato la crítica y con la condición de que no se le dé publicidad;

Julieta Chufani Zendejas

sin embargo, acepta que se le publique e incluso, más tarde, en la *Respuesta a sor Filotea de la Cruz*, dice 'que no sabe cómo agradecerle la merced tan sin medida de dar a la prensa mis borrones'" (Paz, 520).

Introducción a *Respuesta a sor Filotea*. Notable es la importancia e interés que ha cobrado en el mundo de la crítica literaria, así como en el público lector, la *Respuesta a sor Filotea*. En la década de los 70 del siglo pasado, este escrito fue celebrado universalmente como uno de los primeros documentos feministas de las letras americanas dando lugar a innumerables ensayos y trabajos sobre el feminismo en Sor Juana Inés de la Cruz.

Lo que llamó particularmente la atención de los críticos es el carácter autobiográfico de esta carta y, por supuesto, las revelaciones que de ella tenemos acerca de su formación intelectual, su autodefensa espiritual que conlleva el tema de la defensa del estudio y de la escritura, además de las tribulaciones que sufrió.

El feminismo, a guisa de comienzo, es lo que ella argumentará a favor de la mujer, de los derechos de la mujer de estudiar y escribir libremente y para ello utiliza el método deductivo, esto es, por medio de ejemplos de mujeres doctas de la antigüedad, así como de algunas figuras femeninas bíblicas, aunque también cite a otras mujeres virtuosas y discretas de su época. En verdad ella trata el asunto por el que la culpan, moviéndose por diferentes territorios biográficos, pues de lo general (otras mujeres brillantes en el mundo), pasa a lo particular o personal (ella misma). Ella tratará de probar que el haber escrito la *Carta Atenagórica* no fue un crimen, tampoco lo es el escribir versos, así como tampoco su condición de mujer que escribe versos es un crimen. Se puede leer como una defensa legal, aunque posteriormente se contradiga. ¿Por qué? Porque a sor Filotea le *confiesa* que su deseo es callar; y su deber como católica, ser tolerante.

Se puede apreciar un tono de sencillez, de humildad y modestia al inicio de la carta, y variaciones de tono a lo largo de ésta, logrando un efecto de intimidad bastante elocuente, incluso, como explica Rosa Perelmuter en "El análisis de los recursos retóricos en Sor Juana":

> Sor Juana utiliza la conclusión para reforzar los vínculos con el lector. En sus *Institutos de Oratoria*, Quintiliano señala que en ocasiones es más provechoso tratar de convencer al juez apelando a sus emociones que por medio de un recuento de los hechos del caso. [...] Y esto es precisamente lo que Sor Juana hace. Hacia la despedida, el tono, ayudado por los juegos de palabras, se torna informal, casi travieso [...] (Rosa Perelmuter, 41).

Podemos decir, entonces, que tiene las siguientes características generales:

1. Forma de alegato. Cuando su narración toma forma de alegato, ¿cuáles son los dos temas centrales de los que escribe? Podemos responder que, principalmente, de las *Sagradas Escrituras* y de su condición de mujer.
2. Forma de memorias, esto es, lo que cuenta ella misma de su vida, así como los datos que omite.
3. Exposición de ideas. Como forma expositiva de ideas ¿qué piensa Sor Juana de su profesión como monja y como literata?
4. Conclusiones a las que llega ella misma al final de su escrito.

Sor Juana Inés de la Cruz
Respuesta de la poetisa a la muy ilustre sor Filotea de la Cruz

Muy Ilustre Señora, mi Señora: No mi voluntad, mi poca salud y mi justo temor han suspendido tantos días mi respuesta. ¿Qué mucho si, al primer paso, encontraba para tropezar mi torpe pluma dos imposibles? El primero (y para mí el más riguroso) es saber responder a vuestra doctísima, discretísima, santísima y amorosísima carta. Y si veo que preguntado el Ángel de las Escuelas, Santo Tomás, de su silencio con Alberto Magno, su maestro, respondió que callaba porque nada sabía decir digno de Alberto, con cuánta mayor razón callaría, no como el Santo, de humildad, sino que en la realidad es no saber algo digno de vos. El segundo imposible es saber agradeceros tan excesivo como no esperado favor, de dar a las prensas mis borrones: merced tan sin medida que aun se le pasara por alto a la esperanza más ambiciosa y al deseo más fantástico; y que ni aun como ente de razón pudiera caber en mis pensamientos; y en fin, de tal magnitud que no sólo no se puede estrechar a lo limitado de las voces, pero excede a la capacidad del agradecimiento, tanto por grande como por no esperado, que es lo que dijo Quintiliano: *Minorem spei, maiorem benefacti gloriam pereunt*[1]. Y tal que enmudecen al beneficiado.

Cuando la felizmente estéril para ser milagrosamente fecunda, madre del Bautista vio en su casa tan desproporcionada visita como la Madre del Verbo, se le entorpeció el entendimiento y se le suspendió el discurso; y así, en vez de agradecimientos, prorrumpió en dudas y preguntas: *¿Et unde hoc mihi?*[2] ¿De dónde a mí viene tal cosa? Lo mismo sucedió a Saúl cuando se vio electo y ungido rey de Israel: *Numquid non filius Iemini ego sum de minima tribu Israel, et cognatio mea novissima*

---
[1] *Minorem spei...*: Las esperanzas producen menor gloria; los beneficios, mayor.
[2] *Et unde hoc mihi?* ¿Y de dónde esto a mí?

inter omnes de tribu Beniamin? Quare igitur locutus es mihi sermonem istum?[3] Así yo diré: ¿de dónde, venerable Señora, de dónde a mí tanto favor? ¿Por ventura soy más que una pobre monja, la más mínima criatura del mundo y la más indigna de ocupar vuestra atención? *¿Pues quare locutus es mihi sermonem istum? ¿Et unde hoc mihi?*

Ni al primer imposible tengo más que responder que no ser nada digno de vuestros ojos; ni al segundo más que admiraciones, en vez de gracias, diciendo que no soy capaz de agradeceros la más mínima parte de lo que os debo. No es afectada modestia, Señora, sino ingenua verdad de toda mi alma, que al llegar a mis manos, impresa, la carta que vuestra propiedad llamó Atenagórica, prorrumpí (con no ser esto en mí muy fácil) en lágrimas de confusión, porque me pareció que vuestro favor no era más que una reconvención que Dios hace a lo mal que le corresponde; y que como a otros corrige con castigos, a mí me quiere reducir a fuerza de beneficios. Especial favor de que conozco ser su deudora, como de otros infinitos de su inmensa bondad; pero también especial modo de avergonzarme y confundirme: que es más primoroso medio de castigar hacer que yo misma, con mi conocimiento, sea el juez que me sentencie y condene mi ingratitud. Y así, cuando esto considero acá a mis solas, suelo decir: Bendito seáis vos, Señor, que no sólo no quisisteis en manos de otra criatura el juzgarme, y que ni aun en la mía lo pusisteis, sino que lo reservasteis a la vuestra, y me librasteis a mí de mí y de la sentencia que yo misma me daría —que, forzada de mi propio conocimiento, no pudiera ser menos que de condenación—, y vos la reservasteis a vuestra misericordia, porque me amáis más de lo que yo me puedo amar.

Perdonad, Señora mía, la digresión que me arrebató la fuerza de la verdad; y si la he de confesar toda, también es buscar efugios para huir la dificultad de responder, y casi me he determinado a dejarlo al silencio; pero como éste es cosa negativa, aunque explica mucho con el énfasis de no explicar, es necesario ponerle algún breve rótulo para que se entienda lo que se pretende que el silencio diga; y si no, dirá nada el silencio, porque ése es su propio oficio: decir nada. Fue arrebatado el Sagrado Vaso de Elección al tercer Cielo, y habiendo visto los arcanos secretos de Dios dice: *Audivit arcana Dei, quae no licet homini loqui*[4]. No dice lo que vio, pero dice que no lo puede decir; de manera que aquellas cosas que no se pueden decir, es menester decir siquiera que no se pueden decir, para que se entienda que el callar no es no haber qué decir, sino no caber en las voces lo mucho que hay que

---

[3] **Numquid non filus**...: ¿Acaso no soy yo hijo de Jémini, de la más pequeña tribu de Israel, y mi familia no es la última de todas las familias de la tribu de Benjamín?

[4] **Audivit arcana Dei**...: Se puede revisar la II Carta a los Corintios, 12:4.

decir. Dice San Juan que si hubiera de escribir todas las maravillas que obró nuestro Redentor, no cupieran en todo el mundo los libros; y dice Vieyra, sobre este lugar, que en sola esta cláusula dijo más el Evangelista que en todo cuanto escribió; y dice muy bien el Fénix Lusitano (pero ¿cuándo no dice bien, aun cuando no dice bien?), porque aquí dice San Juan todo lo que dejó de decir y expresó lo que dejó de expresar. Así, yo, Señora mía, sólo responderé que no sé qué responder; sólo agradeceré diciendo que no soy capaz de agradeceros; y diré, por breve rótulo de lo que dejo al silencio, que sólo con la confianza de favorecida y con los valimientos de honrada, me puedo atrever a hablar con vuestra grandeza. Si fuere necedad, perdonadla, pues es alhaja de la dicha, y en ella ministraré yo más materia a vuestra benignidad y vos daréis mayor forma a mi reconocimiento.

No se hallaba digno Moisés, por balbuciente, para hablar con Faraón, y, después, el verse tan favorecido de Dios, le infunde tales alientos, que no sólo habla con el mismo Dios, sino que se atreve a pedirle imposibles: *Ostende mihi faciem tuam*[5]. Pues así yo, Señora mía, ya no me parecen imposibles los que puse al principio, a vista de lo que me favorecéis; porque quien hizo imprimir la Carta tan sin noticia mía, quien la intituló, quien la costeó, quien la honró tanto (siendo de todo indigna por sí y por su autora), ¿qué no hará?, ¿qué no perdonará?, ¿qué dejará de hacer y qué dejará de perdonar? Y así, debajo del supuesto de que hablo con el salvoconducto de vuestros favores y debajo del seguro de vuestra benignidad, y de que me habéis, como otro Asuero[6], dado a besar la punta del cetro de oro de vuestro cariño en señal de concederme benévola licencia para hablar y proponer en vuestra venerable presencia, digo que recibo en mi alma vuestra santísima amonestación de aplicar el estudio a Libros Sagrados, que aunque viene en traje de consejo, tendrá para mí sustancia de precepto; con no pequeño consuelo de que aun antes parece que prevenía mi obediencia vuestra pastoral insinuación, como a vuestra dirección, inferido del asunto y pruebas de la misma Carta. Bien conozco que no cae sobre ella vuestra cuerdísima advertencia, sino sobre lo mucho que habréis visto de asuntos humanos que he escrito; y así, lo que he dicho no es más que satisfaceros con ella a la falta de aplicación que habréis inferido (con mucha razón) de otros escritos míos. Y hablando con más especialidad os confieso, con la ingenuidad que ante vos es debida y con la verdad y claridad que en mí siempre es natural y costumbre, que el no haber escrito mucho de asuntos sagrados no ha

---

[5] **Ostende mihi faciem tuam**: "Muéstrame tu rostro".

[6] Asuero fue rey, esposo de Esther. Ver Libro de Esther, versículo 2.

sido desafición, ni de aplicación la falta, sino sobra de temor y reverencia debida a aquellas Sagradas Letras, para cuya inteligencia yo me conozco tan incapaz y para cuyo manejo soy tan indigna; resonándome siempre en los oídos, con no pequeño horror, aquella amenaza y prohibición del Señor a los pecadores como yo: *Quare tu enarras iustitias meas, et assumis testamentum meum per os tuum*[7]. Esta pregunta y el ver que aun a los varones doctos se prohibía el leer los Cantares hasta que pasaban de treinta años, y aun el Génesis: éste por su oscuridad, y aquéllos porque de la dulzura de aquellos epitalamios no tomase ocasión la imprudente juventud de mudar el sentido en carnales afectos. Compruébalo mi gran Padre San Jerónimo, mandando que sea esto lo último que se estudie, por la misma razón: *Ad ultimum sine periculo discat Canticum Canticorum, ne si in exordio legerit, sub carnalibus verbis spiritualium nuptiarum Epithalamium non intelligens, vulneretur*[8]; y Séneca dice: *Teneris in annis haut clara est fides*[9]. Pues ¿cómo me atreviera yo a tomarlo en mis indignas manos, repugnándolo el sexo, la edad y sobre todo las costumbres? Y así confieso que muchas veces este temor me ha quitado la pluma de la mano y ha hecho retroceder los asuntos hacia el mismo entendimiento de quien querían brotar; el cual inconveniente no topaba en los asuntos profanos, pues una herejía contra el arte no la castiga el Santo Oficio, sino los discretos con risa y los críticos con censura; y ésta, *iusta vel iniusta, timenda non est*[10], pues deja comulgar y oír misa, por lo cual me da poco o ningún cuidado; porque, según la misma decisión de los que lo calumnian, ni tengo obligación para saber ni aptitud para acertar; luego, si lo yerro, ni es culpa ni es descrédito. No es culpa, porque no tengo obligación; no es descrédito, pues no tengo posibilidad de acertar, y *ad impossibilia nemo tenetur*[11]. Y, a la verdad, yo nunca he escrito sino violentada y forzada y sólo por dar gusto a otros; no sólo sin complacencia, sino con positiva repugnancia, porque nunca he juzgado de mí que tenga el caudal de letras e ingenio que pide la obligación de quien escribe; y así, es la ordinaria respuesta a los que me instan, y más si es asunto sagrado: ¿Qué entendimiento tengo yo, qué estudio, qué materiales, ni qué noticias para eso, sino cuatro bachillerías superficiales? Dejen eso para quien lo entienda, que yo no quiero ruido con el Santo Oficio, que soy ignorante

---

[7] ***Quare tu enarras...?*** "¿Por qué tú hablas de mis mandamientos y tomas mi testamento en tu boca? Ver Salmo 49: 6.

[8] ***Ad ultimum sin epriculo...:*** "Al final lea sin peligro el *Cantar de los cantares*".

[9] ***Teneris in annis...:*** "En los tiernos años no es clara la fe".

[10] ***Iusta vei iniusta...:*** "Justa o injusta no es de temer".

[11] ***Ad imposibilia nemo tenetur...:*** "nadie está obligado a lo imposible".

y tiemblo de decir alguna proposición malsonante o torcer la genuina inteligencia de algún lugar. Yo no estudio para escribir, ni menos para enseñar (que fuera en mí desmedida soberbia), sino sólo por ver si con estudiar ignoro menos. Así lo respondo y así lo siento.

El escribir nunca ha sido dictamen propio, sino fuerza ajena; que les pudiera decir con verdad: *Vos me coegistis*. Lo que sí es verdad que no negaré (lo uno porque es notorio a todos, y lo otro porque, aunque sea contra mí, me ha hecho Dios la merced de darme grandísimo amor a la verdad) que desde que me rayó la primera luz de la razón, fue tan vehemente y poderosa la inclinación a las letras, que ni ajenas represiones –que he tenido muchas–, ni propias reflejas –que he hecho no pocas–, han bastado a que deje de seguir este natural impulso que Dios puso en mí: Su Majestad sabe por qué y para qué; y sabe que le he pedido que apague la luz de mi entendimiento dejando sólo lo que baste para guardar su Ley, pues lo demás sobra, según algunos, en una mujer; y aun hay quien diga que daña. Sabe también Su Majestad que no consiguiendo esto, he intentado sepultar con mi nombre mi entendimiento, y sacrificársele sólo a quien me le dio; y que no otro motivo me entró en religión, no obstante que al desembarazo y quietud que pedía mi estudiosa intención eran repugnantes los ejercicios y compañía de una comunidad; y después, en ella, sabe el Señor, y lo sabe en el mundo quien sólo lo debió saber, lo que intenté en orden a esconder mi nombre, y que no me lo permitió, diciendo que era tentación; y sí sería. Si yo pudiera pagaros algo de lo que os debo, Señora mía, creo que sólo os pagara en contaros esto, pues no ha salido de mi boca jamás, excepto para quien debió salir. Pero quiero que con haberos franqueado de par en par las puertas de mi corazón, haciéndoos patentes sus más sellados secretos, conozcáis que no desdice de mi confianza lo que debo a vuestra venerable persona y excesivos favores.

Prosiguiendo en la narración de mi inclinación, de que os quiero dar entera noticia, digo que no había cumplido los tres años de mi edad cuando enviando mi madre a una hermana mía, mayor que yo, a que se enseñase a leer en una de las que llaman Amigas, me llevó a mí tras ella el cariño y la travesura; y viendo que la daban lección, me encendí yo de manera en el deseo de saber leer, que engañando, a mi parecer, a la maestra, la dije que mi madre ordenaba me diese lección. Ella no lo creyó, porque no era creíble; pero, por complacer al donaire, me la dio. Proseguí yo en ir y ella prosiguió en enseñarme, ya no de burlas, porque la desengañó la experiencia; y supe leer en tan breve tiempo, que ya sabía cuando lo supo mi madre, a quien la maestra lo ocultó por darle el gusto por entero y recibir el galardón por junto; y yo lo callé, creyendo que me azotarían por haberlo hecho sin orden. Aún vive la que me enseñó (Dios la guarde), y puede testificarlo.

Julieta Chufani Zendejas

Acuérdome que en estos tiempos, siendo mi golosina la que es ordinaria en aquella edad, me abstenía de comer queso, porque oí decir que hacía rudos, y podía conmigo más el deseo de saber que el de comer, siendo éste tan poderoso en los niños. Teniendo yo después como seis o siete años, y sabiendo ya leer y escribir, con todas las otras habilidades de labores y costuras que deprenden las mujeres, oí decir que había Universidad y Escuelas en que se estudiaban las ciencias, en Méjico; y apenas lo oí cuando empecé a matar a mi madre con instantes e importunos ruegos sobre que, mudándome el traje, me enviase a Méjico, en casa de unos deudos que tenía, para estudiar y cursar la Universidad; ella no lo quiso hacer, e hizo muy bien, pero yo despiqué el deseo en leer muchos libros varios que tenía mi abuelo, sin que bastasen castigos ni represiones a estorbarlo; de manera que cuando vine a Méjico, se admiraban, no tanto del ingenio, cuanto de la memoria y noticias que tenía en edad que parecía que apenas había tenido tiempo para aprender a hablar.

Empecé a deprender gramática, en que creo no llegaron a veinte las lecciones que tomé; y era tan intenso mi cuidado, que siendo así que en las mujeres —y más en tan florida juventud— es tan apreciable el adorno natural del cabello, yo me cortaba de él cuatro o seis dedos, midiendo hasta dónde llegaba antes, e imponiéndome ley de que si cuando volviese a crecer hasta allí no sabía tal o tal cosa que me había propuesto deprender en tanto que crecía, me lo había de volver a cortar en pena de la rudeza. Sucedía así que él crecía y yo no sabía lo propuesto, porque el pelo crecía aprisa y yo aprendía despacio, y con efecto le cortaba en pena de la rudeza: que no me parecía razón que estuviese vestida de cabellos cabeza que estaba tan desnuda de noticias, que era más apetecible adorno. Entréme religiosa, porque aunque conocía que tenía el estado cosas (de las accesorias hablo, no de las formales), muchas repugnantes a mi genio, con todo, para la total negación que tenía al matrimonio, era lo menos desproporcionado y lo más decente que podía elegir en materia de la seguridad que deseaba de mi salvación; a cuyo primer respeto (como al fin más importante) cedieron y sujetaron la cerviz todas las impertinencillas de mi genio, que eran de querer vivir sola; de no querer tener ocupación obligatoria que embarazase la libertad de mi estudio, ni rumor de comunidad que impidiese el sosegado silencio de mis libros. Esto me hizo vacilar algo en la determinación, hasta que alumbrándome personas doctas de que era tentación, la vencí con el favor divino, y tomé el estado que tan indignamente tengo. Pensé yo que huía de mí misma, pero ¡miserable de mí! trájeme a mí conmigo y traje mi mayor enemigo en esta inclinación, que no sé determinar si por prenda o castigo me dio el Cielo, pues de apagarse o embarazarse con tanto ejercicio que la religión tiene, reventaba como pólvora, y se verificaba en mí el *privatio est causa appetitus*[12].

---

[12] ***Privatio est causa appetitus:*** "la privación es causa de apetito".

Volví (mal dije, pues nunca cesé); proseguí, digo, a la estudiosa tarea (que para mí era descanso en todos los ratos que sobraban a mi obligación) de leer y más leer, de estudiar y más estudiar, sin más maestro que los mismos libros. Ya se ve cuán duro es estudiar en aquellos caracteres sin alma, careciendo de la voz viva y explicación del maestro; pues todo este trabajo sufría yo muy gustosa por amor de las letras. ¡Oh, si hubiese sido por amor de Dios, que era lo acertado, cuánto hubiera merecido! Bien que yo procuraba elevarlo cuanto podía y dirigirlo a su servicio, porque el fin a que aspiraba era a estudiar Teología, pareciéndome menguada inhabilidad, siendo católica, no saber todo lo que en esta vida se puede alcanzar, por medios naturales, de los divinos misterios; y que siendo monja y no seglar, debía, por el estado eclesiástico, profesar letras; y más siendo hija de un San Jerónimo y de una Santa Paula, que era degenerar de tan doctos padres ser idiota la hija. Esto me proponía yo de mí misma y me parecía razón; si no es que era (y eso es lo más cierto) lisonjear y aplaudir a mi propia inclinación, proponiéndola como obligatorio su propio gusto.

Con esto proseguí, dirigiendo siempre, como he dicho, los pasos de mi estudio a la cumbre de la Sagrada Teología; pareciéndome preciso, para llegar a ella, subir por los escalones de las ciencias y artes humanas; porque ¿cómo entenderá el estilo de la Reina de las Ciencias quien aun no sabe el de las ancilas?[13] ¿Cómo sin Lógica sabría yo los métodos generales y particulares con que está escrita la Sagrada Escritura? ¿Cómo sin Retórica entendería sus figuras, tropos y locuciones? ¿Cómo sin Física, tantas cuestiones naturales de las naturalezas de los animales de los sacrificios, donde se simbolizan tantas cosas ya declaradas, y otras muchas que hay? ¿Cómo si el sanar Saúl al sonido del arpa de David fue virtud y fuerza natural de la música, o sobrenatural que Dios quiso poner en David?[14] ¿Cómo sin Aritmética se podrán entender tantos cómputos de años, de días, de meses, de horas, de hebdómadas tan misteriosas como las de Daniel, y otras para cuya inteligencia es necesario saber las naturalezas, concordancias y propiedades de los números? ¿Cómo sin Geometría se podrán medir el Arca Santa del Testamento y la Ciudad Santa de Jerusalén, cuyas misteriosas mensuras hacen un cubo con todas sus dimensiones, y aquel repartimiento proporcional de todas sus partes tan maravilloso? ¿Cómo sin Arquitectura, el gran Templo de Salomón, donde fue el mismo Dios el artífice que dio la disposición y la traza, y el Sabio Rey sólo fue sobrestante que la ejecutó; donde no había basa sin misterio, columna sin

---

[13] **Ancilas:** "Criadas".

[14] **El sanar Saúl al sonido…:** I de Reyes 16: 23.

símbolo, cornisa sin alusión, arquitrabe sin significado; y así de otras sus partes, sin que el más mínimo filete estuviese sólo por el servicio y complemento del Arte, sino simbolizando cosas mayores? ¿Cómo sin grande conocimiento de reglas y partes de que consta la Historia se entenderán los libros historiales? Aquellas recapitulaciones en que muchas veces se pospone en la narración lo que en el hecho sucedió primero. ¿Cómo sin grande noticia de ambos Derechos podrán entenderse los libros legales? ¿Cómo sin grande erudición tantas cosas de historias profanas, de que hace mención la Sagrada Escritura; tantas costumbres de gentiles, tantos ritos, tantas maneras de hablar? ¿Cómo sin muchas reglas y lección de Santos Padres se podrá entender la oscura locución de los Profetas? Pues sin ser muy perito en la Música, ¿cómo se entenderán aquellas proporciones musicales y sus primores que hay en tantos lugares, especialmente en aquellas peticiones que hizo a Dios Abraham, por las Ciudades, de que si perdonaría habiendo cincuenta justos, y de este número bajó a cuarenta y cinco, que es sesquinona y es como de mi a re; de aquí a cuarenta, que es sesquioctava y es como de re a mi; de aquí a treinta, que es sesquitercia, que es la del diatesarón; de aquí a veinte, que es la proporción sesquiáltera, que es la del diapente; de aquí a diez, que es la dupla, que es el diapasón; y como no hay más proporciones armónicas no pasó de ahí? Pues ¿cómo se podrá entender esto sin Música? Allá en el Libro de Job le dice Dios: *Numquid coniungere valebis micantes stellas Pleiadas, aut gyrum Arcturi poteris dissipare? Numquid producis Luciferum in tempore suo, et Vesperum super filios terrae consurgere facis?*[15], cuyos términos, sin noticia de Astrología, será imposible entender. Y no sólo estas nobles ciencias; pero no hay arte mecánica que no se mencione. Y en fin, cómo el Libro que comprende todos los libros, y la Ciencia en que se incluyen todas las ciencias, para cuya inteligencia todas sirven; y después de saberlas todas (que ya se ve que no es fácil, ni aun posible) pide otra circunstancia más que todo lo dicho, que es una continua oración y pureza de vida, para impetrar de Dios aquella purgación de ánimo e iluminación de mente que es menester para la inteligencia de cosas tan altas; y si esto falta, nada sirve de lo demás.

Del Angélico Doctor Santo Tomás dice la Iglesia estas palabras: *In difficultatibus locorum Sacrae Scripturae ad orationem ieiunium adhibebat. Quin etiam sodali suo Fratri Reginaldo dicere solebat, quidquid sciret, non tam studio, aut labore suo peperisse, quam divinitus traditum accepisse*[16]. Pues yo, tan distante de la virtud y las

---

[15] ***Numquid conlungere velebis...***: ¿Podrás acaso juntar las brillantes estrellas de la Pléyade o detener el giro de Arturo?

[16] ***In difficultativus...***: "En los lugares difíciles".

letras, ¿cómo había de tener ánimo para escribir? Y así por tener algunos principios granjeados, estudiaba continuamente diversas cosas, sin tener para alguna particular inclinación, sino para todas en general; por lo cual, el haber estudiado en unas más que en otras, no ha sido en mí elección, sino que el acaso de haber topado más a mano libros de aquellas facultades les ha dado, sin arbitrio mío, la preferencia. Y como no tenía interés que me moviese, ni límite de tiempo que me estrechase el continuado estudio de una cosa por la necesidad de los grados, casi a un tiempo estudiaba diversas cosas o dejaba unas por otras; bien que en eso observaba orden, porque a unas llamaba estudio y a otras diversión; y en éstas descansaba de las otras: de donde se sigue que he estudiado muchas cosas y nada sé, porque las unas han embarazado a las otras. Es verdad que esto digo de la parte práctica en las que la tienen, porque claro está que mientras se mueve la pluma descansa el compás y mientras se toca el arpa sosiega el órgano, *et sic de caeteris*[17]; porque como es menester mucho uso corporal para adquirir hábito, nunca le puede tener perfecto quien se reparte en varios ejercicios; pero en lo formal y especulativo sucede al contrario, y quisiera yo persuadir a todos con mi experiencia a que no sólo no estorban, pero se ayudan dando luz y abriendo camino las unas para las otras, por variaciones y ocultos engarces —que para esta cadena universal les puso la sabiduría de su Autor—, de manera que parece se corresponden y están unidas con admirable trabazón y concierto. Es la cadena que fingieron los antiguos que salía de la boca de Júpiter, de donde pendían todas las cosas eslabonadas unas con otras. Así lo demuestra el R. P. Atanasio Quirqueiro en su curioso libro *De Magnete*. Todas las cosas salen de Dios, que es el centro a un tiempo y la circunferencia de donde salen y donde paran todas las líneas criadas.

Yo de mí puedo asegurar que lo que no entiendo en un autor de una facultad, lo suelo entender en otro de otra que parece muy distante; y esos propios, al explicarse, abren ejemplos metafóricos de otras artes: como cuando dicen los lógicos que el medio se ha con los términos como se ha una medida con dos cuerpos distantes, para conferir si son iguales o no; y que la oración del lógico anda como la línea recta, por el camino más breve, y la del retórico se mueve, como la corva, por el más largo, pero van a un mismo punto los dos; y cuando dicen que los expositores son como la mano abierta y los escolásticos como el puño cerrado. Y así no es disculpa, ni por tal la doy, el haber estudiado diversas cosas, pues éstas antes se ayudan, sino que el no haber aprovechado ha sido ineptitud mía y debilidad de

---

[17] *et sic de caeteris*: "Y así de las demás cosas".

mi entendimiento, no culpa de la variedad. Lo que sí pudiera ser descargo mío es el sumo trabajo no sólo en carecer de maestro, sino de condiscípulos con quienes conferir y ejercitar lo estudiado, teniendo sólo por maestro un libro mudo, por condiscípulo un tintero insensible; y en vez de explicación y ejercicio muchos estorbos, no sólo los de mis religiosas obligaciones (que éstas ya se sabe cuán útil y provechosamente gastan el tiempo) sino de aquellas cosas acceSorias de una comunidad: como estar yo leyendo y antojárseles en la celda vecina tocar y cantar; estar yo estudiando y pelear dos criadas y venirme a constituir juez de su pendencia; estar yo escribiendo y venir una amiga a visitarme, haciéndome muy mala obra con muy buena voluntad, donde es preciso no sólo admitir el embarazo, pero quedar agradecida del perjuicio. Y esto es continuamente, porque como los ratos que destino a mi estudio son los que sobran de lo regular de la comunidad, esos mismos les sobran a las otras para venirme a estorbar; y sólo saben cuánta verdad es ésta los que tienen experiencia de vida común, donde sólo la fuerza de la vocación puede hacer que mi natural esté gustoso, y el mucho amor que hay entre mí y mis amadas hermanas, que como el amor es unión, no hay para él extremos distantes.

En esto sí confieso que ha sido inexplicable mi trabajo; y así no puedo decir lo que con envidia oigo a otros: que no les ha costado afán el saber. ¡Dichosos ellos! A mí, no el saber (que aún no sé), sólo el desear saber me le ha costado tan grande que pudiera decir con mi Padre San Jerónimo (aunque no con su aprovechamiento): *Quid ibi laboris insumpserim, quid sustinuerim difficultatis, quoties desperaverim, quotiesque cessaverim et contentione discendi rursus inceperim; testis est conscientia, tam mea, qui passus sum, quam eorum qui mecum duxerunt vitam*[18]. Menos los compañeros y testigos (que aun de ese alivio he carecido), lo demás bien puedo asegurar con verdad. ¡Y que haya sido tal esta mi negra inclinación, que todo lo haya vencido!

Solía sucederme que, como entre otros beneficios, debo a Dios un natural tan blando y tan afable y las religiosas me aman mucho por él (sin reparar, como buenas, en mis faltas) y con esto gustan mucho de mi compañía, conociendo esto y movida del grande amor que las tengo, con mayor motivo que ellas a mí, gusto más de la suya: así, me solía ir los ratos que a unas y a otras nos sobraban, a consolarlas y recrearme con su conversación. Reparé que en este tiempo hacía falta a mi estudio, y hacía voto de no entrar en celda alguna si no me obligase a

---

[18] ***Quid ibi laboris insumpserim***: "Testigo es mi conciencia de cuánto trabajo tuve, cuántas dificultades sobrellevé, cuántas veces desesperé y cuántas veces desistí y empecé de nuevo por el empeño de aprender; tanto la mía –que lo ha padecido– como la de aquellos que conmigo han vivido" (San Jerónimo, *Epístola a un monje rústico*).

ello la obediencia o la caridad: porque, sin este freno tan duro, al de sólo propósito le rompiera el amor; y este voto (conociendo mi fragilidad) le hacía por un mes o por quince días; y dando cuando se cumplía, un día o dos de treguas, lo volvía a renovar, sirviendo este día, no tanto a mi descanso (pues nunca lo ha sido para mí el no estudiar) cuanto a que no me tuviesen por áspera, retirada e ingrata al no merecido cariño de mis carísimas hermanas.

Bien se deja en esto conocer cuál es la fuerza de mi inclinación. Bendito sea Dios que quiso fuese hacia las letras y no hacia otro vicio, que fuera en mí casi insuperable; y bien se infiere también cuán contra la corriente han navegado (o por mejor decir, han naufragado) mis pobres estudios. Pues aún falta por referir lo más arduo de las dificultades; que las de hasta aquí sólo han sido estorbos obligatorios y casuales, que indirectamente lo son; y faltan los positivos que directamente han tirado a estorbar y prohibir el ejercicio. ¿Quién no creerá, viendo tan generales aplausos, que he navegado viento en popa y mar en leche, sobre las palmas de las aclamaciones comunes? Pues Dios sabe que no ha sido muy así, porque entre las flores de esas mismas aclamaciones se han levantado y despertado tales áspides de emulaciones y persecuciones, cuantas no podré contar, y los que más nocivos y sensibles para mí han sido, no son aquellos que con declarado odio y malevolencia me han perseguido, sino los que amándome y deseando mi bien (y por ventura, mereciendo mucho con Dios por la buena intención), me han mortificado y atormentado más que los otros, con aquel: "No conviene a la santa ignorancia que deben, este estudio; se ha de perder, se ha de desvanecer en tanta altura con su misma perspicacia y agudeza". ¿Qué me habrá costado resistir esto? ¡Rara especie de martirio donde yo era el mártir y me era el verdugo!

Pues por la —en mí dos veces infeliz— habilidad de hacer versos, aunque fuesen sagrados, ¿qué pesadumbres no me han dado o cuáles no me han dejado de dar? Cierto, señora mía, que algunas veces me pongo a considerar que el que se señala —o le señala Dios, que es quien sólo lo puede hacer— es recibido como enemigo común, porque parece a algunos que usurpa los aplausos que ellos merecen o que hace estanque de las admiraciones a que aspiraban, y así le persiguen.

Aquella ley políticamente bárbara de Atenas, por la cual salía desterrado de su república el que se señalaba en prendas y virtudes porque no tiranizase con ellas la libertad pública, todavía dura, todavía se observa en nuestros tiempos, aunque no hay ya aquel motivo de los atenienses; pero hay otro, no menos eficaz aunque no tan bien fundado, pues parece máxima del impío Maquiavelo: que es aborrecer al que se señala porque desluce a otros. Así sucede y así sucedió siempre.

Julieta Chufani Zendejas

Y si no, ¿cuál fue la causa de aquel rabioso odio de los fariseos contra Cristo, habiendo tantas razones para lo contrario? Porque si miramos su presencia, ¿cuál prenda más amable que aquella divina hermosura? ¿Cuál más poderosa para arrebatar los corazones? Si cualquiera belleza humana tiene jurisdicción sobre los albedríos y con blanda y apetecida violencia los sabe sujetar, ¿qué haría aquélla con tantas prerrogativas y dotes soberanos? ¿Qué haría, qué movería y qué no haría y qué no movería aquella incomprensible beldad, por cuyo hermoso rostro, como por un terso cristal, se estaban transparentando los rayos de la Divinidad? ¿Qué no movería aquel semblante, que sobre incomparables perfecciones en lo humano, señalaba iluminaciones de divino? Si el de Moisés, de sólo la conversación con Dios, era intolerable a la flaqueza de la vista humana, ¿qué sería el del mismo Dios humanado? Pues si vamos a las demás prendas, ¿cuál más amable que aquella celestial modestia, que aquella suavidad y blandura derramando misericordias en todos sus movimientos, aquella profunda humildad y mansedumbre, aquellas palabras de vida eterna y eterna sabiduría? Pues ¿cómo es posible que esto no les arrebatara las almas, que no fuesen enamorados y elevados tras él?

Dice la Santa Madre y madre mía Teresa, que después que vio la hermosura de Cristo quedó libre de poderse inclinar a criatura alguna, porque ninguna cosa veía que no fuese fealdad, comparada con aquella hermosura. Pues ¿cómo en los hombres hizo tan contrarios efectos? Y ya que como toscos y viles no tuvieran conocimiento ni estimación de sus perfecciones, siquiera como interesables ¿no les moviera sus propias conveniencias y utilidades en tantos beneficios como les hacía, sanando los enfermos, resucitando los muertos, curando los endemoniados? Pues ¿cómo no le amaban? ¡Ay Dios, que por eso mismo no le amaban, por eso mismo le aborrecían! Así lo testificaron ellos mismos.

Júntanse en su concilio y dicen: *Quid facimus, quia hic homo multa signa facit?*[19] ¿Hay tal causa? Si dijeran: éste es un malhechor, un transgreSor de la ley, un alborotador que con engaños alborota el pueblo, mintieran, como mintieron cuando lo decían; pero eran causales más congruentes a lo que solicitaban, que era quitarle la vida; mas dar por causal que hace cosas señaladas, no parece de hombres doctos, cuales eran los fariseos. Pues así es, que cuando se apasionan los hombres doctos prorrumpen en semejantes inconsecuencias. En verdad que sólo por eso salió determinado que Cristo muriese. Hombres, si es que así se os puede llamar, siendo tan brutos, ¿por qué es esa tan cruel determinación? No responden más sino que multa *signa facit*. ¡Válgame

---

[19] ***Quid facimus***...: "¿Qué hacemos?" donde cita las palabras de los fariseos.

Dios, que el hacer cosas señaladas es causa para que uno muera! Haciendo reclamo este multa signa facit a aquel: *radix Iesse, qui stat in signum populorum*[20], y al otro: *in signum cui contradicetur*[21]. ¿Por signo? ¡Pues muera! ¿Señalado? ¡Pues padezca, que eso es el premio de quien se señala!

Suelen en la eminencia de los templos colocarse por adorno unas figuras de los Vientos y de la Fama, y por defenderlas de las aves, las llenan todas de púas; defensa parece y no es sino propiedad forzosa: no puede estar sin púas que la puncen quien está en alto. Allí está la ojeriza del aire; allí es el rigor de los elementos; allí despican la cólera los rayos; allí es el blanco de piedras y flechas. ¡Oh infeliz altura, expuesta a tantos riesgos! ¡Oh signo que te ponen por blanco de la envidia y por objeto de la contradicción! Cualquiera eminencia, ya sea de dignidad, ya de nobleza, ya de riqueza, ya de hermosura, ya de ciencia, padece esta pensión; pero la que con más rigor la experimenta es la del entendimiento. Lo primero, porque es el más indefenso, pues la riqueza y el poder castigan a quien se les atreve, y el entendimiento no, pues mientras es mayor es más modesto y sufrido y se defiende menos. Lo segundo es porque, como dijo doctamente Gracián, las ventajas en el entendimiento lo son en el ser. No por otra razón es el ángel más que el hombre que porque entiende más; no es otro el exceso que el hombre hace al bruto, sino solo entender; y así como ninguno quiere ser menos que otro, así ninguno confiesa que otro entiende más, porque es consecuencia del ser más. Sufrirá uno y confesará que otro es más noble que él, que es más rico, que es más hermoso y aun que es más docto; pero que es más entendido apenas habrá quien lo confiese: *Rarus est, qui velit cedere ingenio*[22]. Por eso es tan eficaz la batería contra esta prenda.

Cuando los soldados hicieron burla, entretenimiento y diversión de Nuestro Señor Jesucristo, trajeron una púrpura vieja y una caña hueca y una corona de espinas para coronarle por rey de burlas. Pues ahora, la caña y la púrpura eran afrentosas, pero no dolorosas; pues ¿por qué sólo la corona es dolorosa? ¿No basta que, como las demás insignias, fuese de escarnio e ignominia, pues ése era el fin? No, porque la sagrada cabeza de Cristo y aquel divino cerebro eran depósito de la sabiduría; y cerebro sabio en el mundo no basta que esté escarnecido, ha de estar también lastimado y maltratado; cabeza que es erario de sabiduría no espere otra corona que de espinas. ¿Cuál guirnalda espera la sabiduría humana si ve la que ob-

---

20 *radix Iesse, qui, stat in signum populorum:* Alude a la profecía de Isaías. Ver Isaías 11:10.

21 *In signum cui contradiceur:* Alude a lo que Simeón dijo de Jesús cuando sus padres lo llevaron al templo. Ver Lucas 2:34.

22 *Rarus est...*: "Es raro quien quiera ceder en ingenio". Sor Juana cita de memoria un verso de Marcial.

Julieta Chufani Zendejas

tuvo la divina? Coronaba la soberbia romana las diversas hazañas de sus capitanes también con diversas coronas: ya con la cívica al que defendía al ciudadano; ya con la castrense al que entraba en los reales enemigos; ya con la mural al que escalaba el muro; ya con la obsidional al que libraba la ciudad cercada o el ejército sitiado o el campo o en los reales; ya con la naval, ya con la oval, ya con la triunfal otras hazañas, según refieren Plinio y Aulo Gelio; mas viendo yo tantas diferencias de coronas, dudaba de cuál especie sería la de Cristo, y me parece que fue obsidional, que (como sabéis, señora) era la más honrosa y se llamaba obsidional de obsidio, que quiere decir cerco; la cual no se hacía de oro ni de plata, sino de la misma grama o yerba que cría el campo en que se hacía la empresa. Y como la hazaña de Cristo fue hacer levantar el cerco al Príncipe de las Tinieblas, el cual tenía sitiada toda la tierra, como lo dice en el libro de Job: *Circuivi terram et ambulavi per eam*[23] y de él dice San Pedro: *Circuit, quaerens quem devoret*[24]; y vino nuestro caudillo y le hizo levantar el cerco: *nunc princeps huius mundi eiicietur foras*[25], así los soldados le coronaron no con oro ni plata, sino con el fruto natural que producía el mundo que fue el campo de la lid, el cual, después de la maldición, *spinas et tribulos germinabit tibi*[26], no producía otra cosa que espinas; y así fue propísima corona de ellas en el valeroso y sabio vencedor con que le coronó su madre la Sinagoga; saliendo a ver el doloroso triunfo, como al del otro Salomón festivas, a éste llorosas las hijas de Sión, porque es el triunfo de sabio obtenido con dolor y celebrado con llanto, que es el modo de triunfar la sabiduría; siendo Cristo, como rey de ella, quien estrenó la corona, porque santificada en sus sienes, se quite el horror a los otros sabios y entiendan que no han de aspirar a otro honor.

Quiso la misma Vida ir a dar la vida a Lázaro difunto; ignoraban los discípulos el intento y le replicaron: Rabbi, *nunc quaerebant te Iudaei lapidare, et iterum vadis illuc?*[27] Satisfizo el Redentor el temor: *Nonne duodecim sunt horae diei?*[28] Hasta aquí, parece que temían porque tenían el antecedente de quererle apedrear porque les había reprendido llamándoles ladrones y no pastores de las ovejas. Y así, temían

---

23 ***Circuivi terram...***: El Señor pregunta a Satanás "¿De dónde vienes?". Él le respondió diciendo: "He rodeado la tierra y la he recorrido".

24 ***Circuit, quarens quem devoret***: En la epístola primera de San Pedro leemos: "Sed sobrios y velad; porque el diablo vuestro adversario, anda como león rugiendo, alrededor de vosotros, buscando a quién tragar".

25 ***nunc princeps...***: "Ahora será lanzado fuera el príncipe de este mundo". Ver: Juan 12:30.

26 ***spinas et tribulos...***: "espinas y abrojos te producirá". Ver Génesis 3:18.

27 ***Rabbi, nunc quaerebant...***: "Maestro, ¿ahora querían apedrearte los judíos y otra vez vas allá? Ver Juan 3:8.

28 ***Nonne duodecim sunt...***: "¿Acaso no son doce las horas del día? Ver Juan 11:9.

que si iba a lo mismo (como las represiones, aunque sean tan justas, suelen ser mal reconocidas), corriese peligro su vida; pero ya desengañados y enterados de que va a dar vida a Lázaro, ¿cuál es la razón que pudo mover a Tomás para que tomando aquí los alientos que en el huerto Pedro: *Eamus et nos, ut moriamur cum e*[29]. ¿Qué dices, apóstol santo? A morir no va el Señor, ¿de qué es el recelo? Porque a lo que Cristo va no es a reprender, sino a hacer una obra de piedad, y por esto no le pueden hacer mal. Los mismos judíos os podían haber asegurado, pues cuando los reconvino, queriéndole apedrear: *Multa bona opera ostendi vobis ex Patre meo*[30], *propter quod eorum opus me lapidatis?*, le respondieron: *De bono opere non lapidamus te, sed de blasphemia*[31]. Pues si ellos dicen que no le quieren apedrear por las buenas obras y ahora va a hacer una tan buena como dar la vida a Lázaro, ¿de qué es el recelo o por qué? ¿No fuera mejor decir: Vamos a gozar el fruto del agradecimiento de la buena obra que va a hacer nuestro Maestro; a verle aplaudir y rendir gracias al beneficio; a ver las admiraciones que hacen del milagro? Y no decir, al parecer una cosa tan fuera del caso como es: *Eamus et nos, ut moriamur cum eo*. Mas ¡ay! que el Santo temió como discreto y habló como apóstol. ¿No va Cristo a hacer un milagro? Pues ¿qué mayor peligro? Menos intolerable es para la soberbia oír las represiones, que para la envidia ver los milagros. En todo lo dicho, venerable señora, no quiero (ni tal desatino cupiera en mí) decir que me han perseguido por saber, sino sólo porque he tenido amor a la sabiduría y a las letras, no porque haya conseguido ni uno ni otro.

Hallábase el Príncipe de los Apóstoles, en un tiempo, tan distante de la sabiduría como pondera aquel enfático: *Petrus vero sequebatur eum a longe*[32]; tan lejos de los aplausos de docto quien tenía el título de indiscreto: *Nesciens quid diceret*[33]; y aun examinado del conocimiento de la sabiduría dijo él mismo que no había alcanzado la menor noticia: *Mulier, nescio quid dicis. Mulier, non novi illum*[34]. Y ¿qué le sucede? Que teniendo estos créditos de ignorante, no tuvo la fortuna, sí las aflicciones, de sabio. ¿Por qué? No se dio otra causal sino: *Et hic cum illo erat*[35]. Era afecto a la

---

[29] *Eamus et nos...*: "Vamos también nosotros y muramos con él".

[30] *Multa bona...*: "Muchas buenas obras os he mostrado de mi Padre..."

[31] *De bono opere...*: "No te apedreamos por la buena obra, sino por la blasfemia". Juan 10:32-33.

[32] *Petrus vero...*: "Pedro lo seguía a lo lejos". Lucas 22:54.

[33] *Nesciens quid*: "No sabiendo lo que se decía".

[34] *Muier nescio...*: "Mujer, no le conozco".

[35] *Et hic...*: "Y éste con él estaba". Ver Lucas 22:56.

sabiduría, llevábale el corazón, andábase tras ella, preciábase de seguidor y amoroso de la sabiduría; y aunque era tan *a longe*[36] que no le comprendía ni alcanzaba, bastó para incurrir sus tormentos. Ni faltó soldado de fuera que no le afligiese, ni mujer doméstica que no le aquejase. Yo confieso que me hallo muy distante de los términos de la sabiduría y que la he deseado seguir, aunque *a longe*. Pero todo ha sido acercarme más al fuego de la persecución, al crisol del tormento; y ha sido con tal extremo que han llegado a solicitar que se me prohiba el estudio.

Una vez consiguieron una prelada muy santa y muy cándida que creyó que el estudio era cosa de Inquisición y me mandó que no estudiase. Yo la obedecí (unos tres meses que duró el poder ella mandar) en cuanto a no tomar libro, que en cuanto a no estudiar absolutamente, como no cae debajo de mi potestad, no lo pude hacer, porque aunque no estudiaba en los libros, estudiaba en todas las cosas que Dios crió, sirviéndome ellas de letras, y de libro toda esta máquina universal. Nada veía sin refleja; nada oía sin consideración, aun en las cosas más menudas y materiales; porque como no hay criatura, por baja que sea, en que no se conozca el *me fecit Deus*[37], no hay alguna que no pasme el entendimiento, si se considera como se debe. Así yo, vuelvo a decir, las miraba y admiraba todas; de tal manera que de las mismas personas con quienes hablaba, y de lo que me decían, me estaban resaltando mil consideraciones: ¿De dónde emanaría aquella variedad de genios e ingenios, siendo todos de una especie? ¿Cuáles serían los temperamentos y ocultas cualidades que lo ocasionaban? Si veía una figura, estaba combinando la proporción de sus líneas y mediándola con el entendimiento y reduciéndola a otras diferentes. Paseábame algunas veces en el testero de un dormitorio nuestro (que es una pieza muy capaz) y estaba observando que siendo las líneas de sus dos lados paralelas y su techo a nivel, la vista fingía que sus líneas se inclinaban una a otra y que su techo estaba más bajo en lo distante que en lo próximo: de donde infería que las líneas visuales corren rectas, pero no paralelas, sino que van a formar una figura piramidal. Y discurría si sería ésta la razón que obligó a los antiguos a dudar si el mundo era esférico o no. Porque, aunque lo parece, podía ser engaño de la vista, demostrando concavidades donde pudiera no haberlas.

Este modo de reparos en todo me sucedía y sucede siempre, sin tener yo arbitrio en ello, que antes me suelo enfadar porque me cansa la cabeza; y yo creía que a todos sucedía esto mismo y el hacer versos, hasta que la experiencia me ha mostrado lo

---

[36] *A longe:* "A lo lejos".
[37] *Me fecit deus:* "Me hizo Dios".

contrario; y es de tal manera esta naturaleza o costumbre, que nada veo sin segunda consideración. Estaban en mi presencia dos niñas jugando con un trompo, y apenas yo vi el movimiento y la figura, cuando empecé, con esta mi locura, a considerar el fácil moto de la forma esférica, y cómo duraba el impulso ya impreso e independiente de su causa, pues distante la mano de la niña, que era la causa motiva, bailaba el trompillo; y no contenta con esto, hice traer harina y cernerla para que, en bailando el trompo encima, se conociese si eran círculos perfectos o no los que describía con su movimiento; y hallé que no eran sino unas líneas espirales que iban perdiendo lo circular cuanto se iba remitiendo el impulso. Jugaban otras a los alfileres (que es el más frívolo juego que usa la puerilidad); yo me llegaba a contemplar las figuras que formaban; y viendo que acaso se pusieron tres en triángulo, me ponía a enlazar uno en otro, acordándome de que aquélla era la figura que dicen tenía el misterioso anillo de Salomón, en que había unas lejanas luces y representaciones de la Santísima Trinidad, en virtud de lo cual obraba tantos prodigios y maravillas; y la misma que dicen tuvo el arpa de David, y que por eso sanaba Saúl a su sonido; y casi la misma conservan las arpas en nuestros tiempos.

Pues ¿qué os pudiera contar, Señora, de los secretos naturales que he descubierto estando guisando? Veo que un huevo se une y fríe en la manteca o aceite y, por contrario, se despedaza en el almíbar; ver que para que el azúcar se conserve fluida basta echarle una muy mínima parte de agua en que haya estado membrillo u otra fruta agria; ver que la yema y clara de un mismo huevo son tan contrarias, que en los unos, que sirven para el azúcar, sirve cada una de por sí y juntos no. Por no cansaros con tales frialdades, que sólo refiero por daros entera noticia de mi natural y creo que os causará risa; pero, señora, ¿qué podemos saber las mujeres sino filosofías de cocina? Bien dijo Lupercio Leonardo, que bien se puede filosofar y aderezar la cena. Y yo suelo decir viendo estas cosillas: Si Aristóteles hubiera guisado, mucho más hubiera escrito. Y prosiguiendo en mi modo de cogitaciones[38], digo que esto es tan continuo en mí, que no necesito de libros; y en una ocasión que, por un grave accidente de estómago, me prohibieron los médicos el estudio, pasé así algunos días, y luego les propuse que era menos dañoso el concedérmelos, porque eran tan fuertes y vehementes mis cogitaciones, que consumían más espíritus en un cuarto de hora que el estudio de los libros en cuatro días; y así se redujeron a concederme que leyese; y más, Señora mía, que ni aun el sueño se libró de este continuo movimiento de mi imaginativa; antes suele obrar en él más libre y desembarazada, confiriendo con mayor claridad y sosiego las especies que ha conservado del día, arguyendo, haciendo

---

[38] **Cogitaciones**: "Meditaciones", "Pensamientos".

Julieta Chufani Zendejas

versos, de que os pudiera hacer un catálogo muy grande, y de algunas razones y delgadezas que he alcanzado dormida mejor que despierta, y las dejo por no cansaros, pues basta lo dicho para que vuestra discreción y trascendencia penetre y se entere perfectamente en todo mi natural y del principio, medios y estado de mis estudios.

Si éstos, Señora, fueran méritos (como los veo por tales celebrar en los hombres), no lo hubieran sido en mí, porque obro necesariamente. Si son culpa, por la misma razón creo que no la he tenido; mas, con todo, vivo siempre tan desconfiada de mí, que ni en esto ni en otra cosa me fío de mi juicio; y así remito la decisión a ese soberano talento, sometiéndome luego a lo que sentenciare, sin contradicción ni repugnancia, pues esto no ha sido más de una simple narración de mi inclinación a las letras.

Confieso también que con ser esto verdad tal que, como he dicho, no necesitaba de ejemplares, con todo no me han dejado de ayudar los muchos que he leído, así en divinas como en humanas letras. Porque veo a una Débora[39] dando leyes, así en lo militar como en lo político, y gobernando el pueblo donde había tantos varones doctos. Veo una sapientísima reina de Saba[40], tan docta que se atreve a tentar con enigmas la sabiduría del mayor de los sabios, sin ser por ello reprendida, antes por ello será juez de los incrédulos. Veo tantas y tan insignes mujeres: unas adornadas del don de profecía, como una Abigaíl[41]; otras de persuasión, como Ester[42]; otras, de piedad, como Rahab[43]; otras de perseverancia, como Ana[44], madre de Samuel; y otras infinitas, en otras especies de prendas y virtudes.

Si revuelvo a los gentiles, lo primero que encuentro es con las Sibilas[45], elegidas de Dios para profetizar los principales misterios de nuestra Fe; y en tan doctos y elegantes versos que suspenden la admiración. Veo adorar por diosa de las ciencias a una mujer como Minerva, hija del primer Júpiter y maestra de toda la sabiduría de Atenas. Veo una Pola Argentaria[46], que ayudó a Lucano, su marido, a escribir la gran Batalla Farsálica. Veo a la hija del divino Tiresias, más docta que su padre. Veo a una Cenobia[47],

---

[39] **Débora**: Profetisa y juez de Israel.

[40] **Reina de Saba**: Soberana del legendario reino de los sabeos, quien visitó a Salomón en Jerusalén.

[41] **Abigaíl**: Viuda de Nabal, a quien el rey David tomó por esposa.

[42] **Esther**: Mujer judía, esposa de Asuero.

[43] **Rahab**: Mujer de Jericó, quien dio asilo a los espías de Josué.

[44] **Ana**: Mujer estéril que obtuvo de Dios la gracia de tener un hijo varón.

[45] **Sibilas**: "Adivinas" o "Profetisas" entre los griegos.

[46] **Paola Argentari**: Mujer de Lucano a quien ayudó a escribir *La Farsalia*.

[47] **Cenobia**: Reina de Palmira, ciudad situada en el desierto de Siria.

reina de los Palmirenos, tan sabia como valerosa. A una Arete, hija de Aristipo, doctísima. A una Nicostrata, inventora de las letras latinas y eruditísima en las griegas. A una Aspasia Milesia[48] que enseñó filosofía y retórica y fue maestra del filósofo Pericles. A una Hipasia que enseñó astrología y leyó mucho tiempo en Alejandría. A una Leoncia, griega, que escribió contra el filósofo Teofrasto y le convenció. A una Jucia, a una Corina[49], a una Cornelia; y en fin a toda la gran turba de las que merecieron nombres, ya de griegas, ya de musas, ya de pitonisas; pues todas no fueron más que mujeres doctas, tenidas y celebradas y también veneradas de la antigüedad por tales. Sin otras infinitas, de que están los libros llenos, pues veo aquella egipciaca Catarina[50], leyendo y convenciendo todas las sabidurías de los sabios de Egipto. Veo una Gertrudis[51] leer, escribir y enseñar. Y para no buscar ejemplos fuera de casa, veo una santísima madre mía, Paula[52], docta en las lenguas hebrea, griega y latina y aptísima para interpretar las Escrituras. ¿Y qué más que siendo su cronista un Máximo Jerónimo, apenas se hallaba el Santo digno de serlo, pues con aquella viva ponderación y enérgica eficacia con que sabe explicarse dice: Si todos los miembros de mi cuerpo fuesen lenguas, no bastarían a publicar la sabiduría y virtud de Paula. Las mismas alabanzas le mereció Blesila, viuda; y las mismas la esclarecida virgen Eustoquio, hijas ambas de la misma Santa; y la segunda, tal, que por su ciencia era llamada Prodigio del Mundo. Fabiola, romana, fue también doctísima en la Sagrada Escritura. Proba Falconia, mujer romana, escribió un elegante libro con centones de Virgilio, de los misterios de Nuestra Santa Fe. Nuestra reina Doña Isabel, mujer del décimo Alfonso, es corriente que escribió de astrología. Sin otras que omito por no trasladar lo que otros han dicho (que es vicio que siempre he abominado), pues en nuestros tiempos está floreciendo la gran Cristina Alejandra, Reina de Suecia, tan docta como valerosa y magnánima, y las Excelentísimas señoras Duquesa de Aveyro y Condesa de Villaumbrosa.

El venerable Doctor Arce (digno profeSor de Escritura por su virtud y letras), en su *Studioso Bibliorum* excita esta cuestión: *An liceat foeminis sacrorum Bibliorum studio incumbere? eaque interpretari?*[53] Y trae por la parte contraria muchas sentencias de santos, en especial aquello del Apóstol: *Mulieres in Ecclesiis taceant, non*

---

[48] **Aspasia Milesia**: Culta cortesana de Mileto, amiga de Sócrates.
[49] **Corina**: Madre de los Gracos.
[50] **Egipciaca Catarina**: Santa Catarina de Alejandría.
[51] **Gertrudis**: Santa Gertrudis, escritora y mística.
[52] **Paula**: Santa Paula, discípula de San Jerónimo y patrona del convento donde profesó Sor Juana.
[53] *An liceat foeminis…*: "¿Es lícito a las mujeres dedicarse al estudio de las Sagradas escrituras?

enim permittitur eis loqui[54], etc. Trae después otras sentencias, y del mismo Apóstol aquel lugar *ad Titum: Anus similiter in habitu sancto*[55], bene docentes, con interpretaciones de los Santos Padres; y al fin resuelve, con su prudencia, que el leer públicamente en las cátedras y predicar en los púlpitos, no es lícito a las mujeres; pero que el estudiar, escribir y enseñar privadamente, no sólo les es lícito, pero muy provechoso y útil; claro está que esto no se debe entender con todas, sino con aquellas a quienes hubiere Dios dotado de especial virtud y prudencia y que fueren muy proveetas y eruditas y tuvieren el talento y requisitos necesarios para tan sagrado empleo. Y esto es tan justo que no sólo a las mujeres, que por tan ineptas están tenidas, sino a los hombres, que con sólo serlo piensan que son sabios, se había de prohibir la interpretación de las Sagradas Letras, en no siendo muy doctos y virtuosos y de ingenios dóciles y bien inclinados; porque de lo contrario creo yo que han salido tantos sectarios y que ha sido la raíz de tantas herejías; porque hay muchos que estudian para ignorar, especialmente los que son de ánimos arrogantes, inquietos y soberbios, amigos de novedades en la Ley (que es quien las rehusa); y así hasta que por decir lo que nadie ha dicho dicen una herejía, no están contentos. De éstos dice el Espíritu Santo: *In malevolam animam non introibit sapientia*[56]. A éstos, más daño les hace el saber que les hiciera el ignorar. Dijo un discreto que no es necio entero el que no sabe latín, pero el que lo sabe está calificado. Y añado yo que le perfecciona (si es perfección la necedad) el haber estudiado su poco de filosofía y teología y el tener alguna noticia de lenguas, que con eso es necio en muchas ciencias y lenguas: porque un necio grande no cabe en sólo la lengua materna.

A éstos, vuelvo a decir, hace daño el estudiar, porque es poner espada en manos del furioso; que siendo instrumento nobilísimo para la defensa, en sus manos es muerte suya y de muchos. Tales fueron las Divinas Letras en poder del malvado Pelagio[57] y del protervo Arrio[58], del malvado Lutero[59] y de los demás heresiarcas, como lo fue nuestro Doctor (nunca fue nuestro ni doctor) Cazalla[60]; a los cuales hizo daño

---

[54] *Mulieres in Ecclesiis...*: "Las mujeres callen en la Iglesia, porque no les es dado hablar". I de Corintios 14:34.

[55] *Annus similiter...*: "Las ancianas asimismo, en un porte santo, maestras de lo bueno". A Tito 2: 3.

[56] *In malevolam animam...*: "En alma maligna no entra la sabiduría".

[57] **Pelagio**: Monje irlandés. Difundió una doctrina herética, según la cual no existía el pecado original ni era admitido el bautismo.

[58] **Arrio**: Sacerdote alejandrino. Considerado un hereje.

[59] **Lutero**: Promotor de la Reforma.

[60] **Cazalla**: Luterano español, ejecutado en un acto de fe.

la sabiduría porque, aunque es el mejor alimento y vida del alma, a la manera que en el estómago mal acomplexionado y de viciado calor, mientras mejores los alimentos que recibe, más áridos, fermentados y perversos son los humores que cría, así estos malévolos, mientras más estudian, peores opiniones engendran; obstrúyeseles el entendimiento con lo mismo que había de alimentarse, y es que estudian mucho y digieren poco, sin proporcionarse al vaso limitado de sus entendimientos. A esto dice el Apóstol: *Dico enim per gratiam quae data est mihi, omnibus qui sunt inter vos: Non plus sapere quam oportet sapere, sed sapere ad sobrietatem: et unicuique sicut Deus divisit mensuram fidei*[61]. Y en verdad no lo dijo el Apóstol a las mujeres, sino a los hombres; y que no es sólo para ellas el taceant, sino para todos los que no fueren muy aptos. Querer yo saber tanto o más que Aristóteles o que San Agustín, si no tengo la aptitud de San Agustín o de Aristóteles, aunque estudie más que los dos, no sólo no lo conseguiré sino que debilitaré y entorpeceré la operación de mi flaco entendimiento con la desproporción del objeto.

¡Oh si todos –y yo la primera, que soy una ignorante– nos tomásemos la medida al talento antes de estudiar, y lo peor es, de escribir con ambiciosa codicia de igualar y aun de exceder a otros, qué poco ánimo nos quedara y de cuántos errores nos excusáramos y cuántas torcidas inteligencias que andan por ahí no anduvieran! Y pongo las mías en primer lugar, pues si conociera, como debo, esto mismo no escribiera. Y protesto que sólo lo hago por obedeceros; con tanto recelo, que me debéis más en tomar la pluma con este temor, que me debiérades si os remitiera más perfectas obras. Pero, bien que va a vuestra corrección; borradlo, rompedlo y reprendedme, que eso apreciaré yo más que todo cuanto vano aplauso me pueden otros dar: *Corripiet me iustus in misericordia, et increpabit: oleum autem peccatoris non impinguet caput meum*[62].

Y volviendo a nuestro Arce, digo que trae en confirmación de su sentir aquellas palabras de mi Padre San Jerónimo (*ad Laetam*, de *institutione filiae*), donde dice: *Adhuc tenera lingua psalmis dulcibus imbuatur. Ipsa nomina per quae consuescit paulatim verba contexere; non sint fortuita, sed certa, et coacervata de industria. Prophetarum videlicet, atque Apostolorum, et omnis ab Adam Patriarcharum series, de Matthaeo, Lucaque descendat, ut dum aliud agit, futurae memoriae praeparetur.*

---

[61] ***Dico enim...***: "Pues la gracia que me ha sido dada, digo a todos los que están entre vosotros, que no sepan más de lo que conviene saber, sino que sepan con templanza, y cada uno como Dios le repartió la medida de la fe". Carta a los Romanos 12:3.

[62] ***Corripiet me iustus...***: "El justo me corregirá y reprenderá con misericordia; mas el aceite del pecador no ungirá mi cabeza". Salmo 140:5.

Julieta Chufani Zendejas

Reddat tibi pensum quotidie, de Scripturarum floribus carptum. Pues si así quería el Santo que se educase una niña que apenas empezaba a hablar, ¿qué querrá en sus monjas y en sus hijas espirituales? Bien se conoce en las referidas Eustoquio y Fabiola y en Marcela, su hermana Pacátula y otras a quienes el Santo honra en sus epístolas, exhortándolas a este sagrado ejercicio, como se conoce en la citada epístola donde noté yo aquel *reddat tibi pensum*, que es reclamo y concordante del *bene docentes* de San Pablo; pues el *reddat tibi* de mi gran Padre da a entender que la maestra de la niña ha de ser la misma *Leta* su madre.

¡Oh cuántos daños se excusaran en nuestra república si las ancianas fueran doctas como Leta, y que supieran enseñar como manda San Pablo y mi Padre San Jerónimo! Y no que por defecto de esto y la suma flojedad en que han dado en dejar a las pobres mujeres, si algunos padres desean doctrinar más de lo ordinario a sus hijas, les fuerza la necesidad y falta de ancianas sabias, a llevar maestros hombres a enseñar a leer, escribir y contar, a tocar y otras habilidades, de que no pocos daños resultan, como se experimentan cada día en lastimosos ejemplos de desiguales conSorcios, porque con la inmediación del trato y la comunicación del tiempo, suele hacerse fácil lo que no se pensó ser posible. Por lo cual, muchos quieren más dejar bárbaras e incultas a sus hijas que no exponerlas a tan notorio peligro como la familiaridad con los hombres, lo cual se excusara si hubiera ancianas doctas, como quiere San Pablo, y de unas en otras fuese sucediendo el magisterio como sucede en el de hacer labores y lo demás que es costumbre.

Porque ¿qué inconveniente tiene que una mujer anciana, docta en letras y de santa conversación y costumbres, tuviese a su cargo la educación de las doncellas? Y no que éstas o se pierden por falta de doctrina o por querérsela aplicar por tan peligrosos medios cuales son los maestros hombres, que cuando no hubiera más riesgo que la indecencia de sentarse al lado de una mujer verecunda (que aun se sonrosea de que la mire a la cara su propio padre) un hombre tan extraño, a tratarla con casera familiaridad y a tratarla con magistral llaneza, el pudor del trato con los hombres y de su conversación basta para que no se permitiese. Y no hallo yo que este modo de enseñar de hombres a mujeres pueda ser sin peligro, si no es en el severo tribunal de un confesonario o en la distante docencia de los púlpitos o en el remoto conocimiento de los libros, pero no en el manoseo de la inmediación. Y todos conocen que esto es verdad; y con todo, se permite sólo por el defecto de no haber ancianas sabias; luego es grande daño el no haberlas. Esto debían considerar los que atados al *Mulieres in Ecclesia taceant*, blasfeman de que las mujeres sepan y enseñen; como que no fuera el mismo Apóstol el que dijo: *bene docentes*. Demás de que aquella prohibición cayó sobre lo historial que refiere Eusebio, y es que en la Iglesia primitiva se ponían las mujeres a enseñar las doctrinas unas a otras en los templos; y este rumor confundía cuando predicaban los apóstoles y por eso se les mandó callar; como ahora sucede, que mientras predica el predicador no se reza en alta voz.

No hay duda de que para inteligencia de muchos lugares es menester mucha historia, costumbres, ceremonias, proverbios y aun maneras de hablar de aquellos tiempos en que se escribieron, para saber sobre qué caen y a qué aluden algunas locuciones de las divinas letras. *Scindite corda vestra*[63], *et non vestimenta vestra*, ¿no es alusión a la ceremonia que tenían los hebreos de rasgar los vestidos, en señal de dolor, como lo hizo el mal pontífice cuando dijo que Cristo había blasfemado? Muchos lugares del Apóstol sobre el socorro de las viudas ¿no miraban también a las costumbres de aquellos tiempos? Aquel lugar de la mujer fuerte: *Nobilis in portis vir eius*[64]¿no alude a la costumbre de estar los tribunales de los jueces en las puertas de las ciudades? *El dare terram Deo*[65] ¿no significaba hacer algún voto? *Hiemantes*[66]¿no se llamaban los pecadores públicos, porque hacían penitencia a cielo abierto, a diferencia de los otros que la hacían en un portal? Aquella queja de Cristo al fariseo de la falta del ósculo y lavatorio de pies ¿no se fundó en la costumbre que de hacer estas cosas tenían los judíos? Y otros infinitos lugares no sólo de las letras divinas sino también de las humanas, que se topan a cada paso, como el *adorate purpuram*[67], que significaba obedecer al rey; el *manumittere eum*[68], que significa dar libertad, aludiendo a la costumbre y ceremonia de dar una bofetada al esclavo para darle libertad. Aquel *intonuit coelum*[69], de Virgilio, que alude al agüero de tronar hacia occidente, que se tenía por bueno. Aquel *tu nunquam leporem edisti*[70], de Marcial, que no sólo tiene el donaire de equívoco en el *leporem*, sino la alusión a la propiedad que decían tener la liebre. Aquel proverbio: *Maleam legens, quae sunt domi oblivscere*[71], que alude al gran peligro del promontorio de Laconia. Aquella respuesta de la casta matrona al pretenSor molesto, de: "por mí no se unta-

---

[63] *Scindite corda...*: "Rasgad vuestros corazones y no vuestros vestidos". Ver Joel 2:13.
[64] *Nobilis in portis...*: "Su esposo será conocido en las puertas". Proverbios 31:23.
[65] *Dare terram Deo*: "Dar la tierra a Dios".
[66] *Hiemantes*: "Los que pasan el invierno".
[67] *Adorate purpuram*: "Adorad la púrpura".
[68] *Manumittere eum*: "Liberar con la mano".
[69] *Intonuit coelum*: "Tronó el cielo".
[70] *Tu nunquam leporem...* "Tú nunca comiste liebre".
[71] *Maleam legens...*: "Costear el malia es olvidarse de lo que tiene uno en casa".

rán los quicios, ni arderán las teas", para decir que no quería casarse, aludiendo a la ceremonia de untar las puertas con manteca y encender las teas nupciales en los matrimonios; como si ahora dijéramos: por mí no se gastarán arras ni echará bendiciones el cura. Y así hay tanto comento de Virgilio y de Homero y de todos los poetas y oradores. Pues fuera de esto, ¿qué dificultades no se hallan en los lugares sagrados, aun en lo gramatical, de ponerse el plural por singular, de pasar de segunda a tercera persona, como aquello de los Cantares: *osculetur me osculo oris sui: quia meliora sunt ubera tua vino?*[72] Aquel poner los adjetivos en genitivo, en vez de acusativo, como *Calicem salutaris accipiam?*[73] Aquel poner el femenino por masculino; y, al contrario, llamar adulterio a cualquier pecado?

    Todo esto pide más lección de lo que piensan algunos que, de meros gramáticos, o cuando mucho con cuatro términos de Súmulas, quieren interpretar las Escrituras y se aferran del *Mulieres in Ecclesiis taceant*, sin saber cómo se ha de entender. Y de otro lugar: *Mulier in silentio discat*[74]; siendo este lugar más en favor que en contra de las mujeres, pues manda que aprendan, y mientras aprenden claro está que es necesario que callen. Y también está escrito: *Audi Israel, et tac*[75]; donde se habla con toda la colección de los hombres y mujeres, y a todos se manda callar, porque quien oye y aprende es mucha razón que atienda y calle. Y si no, yo quisiera que estos intérpretes y expositores de San Pablo me explicaran cómo entienden aquel lugar: *Mulieres in Ecclesia taceant*. Porque o lo han de entender de lo material de los púlpitos y cátedras, o de lo formal de la universalidad de los fieles, que es la Iglesia. Si lo entienden de lo primero (que es, en mi sentir, su verdadero sentido, pues vemos que, con efecto, no se permite en la Iglesia que las mujeres lean públicamente ni prediquen), ¿por qué reprenden a las que privadamente estudian? Y si lo entienden de lo segundo y quieren que la prohibición del Apóstol sea trascendentalmente, que ni en lo secreto se permita escribir ni estudiar a las mujeres, ¿cómo vemos que la Iglesia ha permitido que escriba una Gertrudis, una Teresa[76], una Brígida[77], la monja de Ágreda[78] y otras muchas? Y si me dicen

---

[72] **Osculetur me...:** "Béseme él con el beso de su boca". Ver Cantar de los cantares I, Cap. 7:1.

[73] **Calicem salutaris...:** "El cáliz de la salud tomaré".

[74] **Mulier in silentio...:** "La mujer aprenda en silencio".

[75] **Audi Israel, et tac**: "La mujer aprenda en silencio".

[76] **Teresa:** Santa Teresa de Ávila, mística y escritora.

[77] **Brígida:** Santa Brígida, mística y escritora sueca.

[78] **La monja de Ágreda**: Monja franciscana, consejera del rey Felipe IV. Sufrió un proceso de inquisición del cual salió absuelta.

que éstas eran santas, es verdad, pero no obsta a mi argumento; lo primero, porque la proposición de San Pablo es absoluta y comprende a todas las mujeres sin excepción de santas, pues también en su tiempo lo eran Marta y María, Marcela, María madre de Jacob, y Salomé, y otras muchas que había en el fervor de la primitiva Iglesia, y no las exceptúa; y ahora vemos que la Iglesia permite escribir a las mujeres santas y no santas, pues la de Ágreda y María de la Antigua[79] no están canonizadas y corren sus escritos; y ni cuando Santa Teresa y las demás escribieron, lo estaban: luego la prohibición de San Pablo sólo miró a la publicidad de los púlpitos, pues si el Apóstol prohibiera el escribir, no lo permitiera la Iglesia. Pues ahora, yo no me atrevo a enseñar –que fuera en mí muy desmedida presunción–; y el escribir, mayor talento que el mío requiere y muy grande consideración. Así lo dice San Cipriano: *Gravi consideratione indigent, quae scribimus* [80]. Lo que sólo he deseado es estudiar para ignorar menos: que, según San Agustín, unas cosas se aprenden para hacer y otras para sólo saber: *Discimus quaedam, ut sciamus; quaedam, ut faciamus*[81]. Pues ¿en qué ha estado el delito, si aun lo que es lícito a las mujeres, que es enseñar escribiendo, no hago yo porque conozco que no tengo caudal para ello, siguiendo el consejo de Quintiliano: *Noscat quisque, et non tantum ex alienis praeceptis, sed ex natura sua capiat consilium?* [82].

Si el crimen está en la Carta Atenagórica, ¿fue aquélla más que referir sencillamente mi sentir con todas las venias que debo a nuestra Santa Madre Iglesia? Pues si ella, con su santísima autoridad, no me lo prohibe, ¿por qué me lo han de prohibir otros? ¿Llevar una opinión contraria de Vieyra fue en mí atrevimiento, y no lo fue en su Paternidad llevarla contra los tres Santos Padres de la Iglesia? Mi entendimiento tal cual ¿no es tan libre como el suyo, pues viene de un solar? ¿Es alguno de los principios de la Santa Fe, revelados, su opinión, para que la hayamos de creer a ojos cerrados? Demás que yo ni falté al decoro que a tanto varón se debe, como acá ha faltado su defenSor, olvidado de la sentencia de Tito Lucio: *Artes committatur decor*; ni toqué a la Sagrada Compañía en el pelo de la ropa; ni escribí más que para el juicio de quien me lo insinuó; y según Plinio, *non similis est conditio publicantis, et nominatim dicentis*[83]. Que si creyera se había de publicar, no

---

[79] **María de la Antigua**: Monja española (1554-1617).

[80] *Gravia consideratione...*: "Las cosas que escribimos requieren cuidadosa consideración".

[81] *Discimus quaedam...*: "Aprendamos algunas cosas sólo para saberlas, y, otras, para hacerlas".

[82] *Noscat quisque...*: "cada aprenda, no tanto de los preceptos ajenos, sino también tome consejo de su propia naturaleza".

[83] *Non similis...*: "no es igual la condición del que publica que la del que sólo habla".

fuera con tanto desaliño como fue. Si es, como dice el cenSor, herética, ¿por qué no la delata? y con eso él quedará vengado y yo contenta, que aprecio, como debo, más el nombre de católica y de obediente hija de mi Santa Madre Iglesia, que todos los aplausos de docta. Si está bárbara —que en eso dice bien—, ríase, aunque sea con la risa que dicen del conejo, que yo no le digo que me aplauda, pues como yo fui libre para disentir de Vieyra, lo será cualquiera para disentir de mi dictamen.

Pero ¿dónde voy, Señora mía? Que esto no es de aquí, ni es para vuestros oídos, sino que como voy tratando de mis impugnadores, me acordé de las cláusulas de uno que ha salido ahora, e insensiblemente se deslizó la pluma a quererle responder en particular, siendo mi intento hablar en general. Y así, volviendo a nuestro Arce, dice que conoció en esta ciudad dos monjas: la una en el convento de Regina, que tenía el Breviario de tal manera en la memoria, que aplicaba con grandísima prontitud y propiedad sus versos, salmos y sentencias de homilías de los santos, en las conversaciones. La otra, en el convento de la Concepción, tan acostumbrada a leer las Epístolas de mi Padre San Jerónimo, y locuciones del Santo, de tal manera que dice Arce: *Hieronymum ipsum hispane loquentem audire me existimarem*[84]. Y de ésta dice que supo, después de su muerte, había traducido dichas Epístolas en romance; y se duele de que tales talentos no se hubieran empleado en mayores estudios con principios científicos, sin decir los nombres de la una ni de la otra, aunque las trae para confirmación de su sentencia, que es que no sólo es lícito, pero utilísimo y necesario a las mujeres el estudio de las sagradas letras, y mucho más a las monjas, que es lo mismo a que vuestra discreción me exhorta y a que concurren tantas razones.

Pues si vuelvo los ojos a la tan perseguida habilidad de hacer versos —que en mí es tan natural—, que aun me violento para que esta carta no lo sean, y pudiera decir aquello de *Quidquid conabar dicere, versus erat*[85], viéndola condenar a tantos tanto y acriminar, he buscado muy de propósito cuál sea el daño que puedan tener, y no le he hallado; antes sí los veo aplaudidos en las bocas de las Sibilas; santificados en las plumas de los Profetas, especialmente del Rey David, de quien dice el gran expositor y amado Padre mío, dando razón de las mensuras de sus metros: *In morem Flacci et Pindari nunc iambo currit, nunc alcaico personat, nunc sapphico tumet, nunc semipede ingreditur*[86]. Los más de los libros sagrados están en metro, como el

---

[84] ***Hieronymun ipsum...***: "Me parecía que oía al mismo Jerónimo hablar en español".

[85] ***Quiquid conabar...***: "Cuanto intentaba decir resultaba en verso".

[86] ***In morem Flacci...***: respecto de In morem Flacci el Pindarum. "A la manera de [Horacio] Flaco y de Píndaro, ahora corre a yambo, ahora a alcaico, ahora se levanta en sáfico, ahora alcanza con medios pies".

Cántico de Moisés; y los de Job, dice San Isidoro, en sus Etimologías, que están en verso heroico. En los Epitalamios los escribió Salomón; en los Trenos, Jeremías. Y así dice Casiodoro: *Omnis poetica locutio a Divinis scripturis sumpsit exordium*[87] Pues nuestra Iglesia Católica no sólo no los desdeña, mas los usa en sus Himnos y recita los de San Ambrosio, Santo Tomás, de San Isidoro y otros. San Buenaventura les tuvo tal afecto que apenas hay plana suya sin versos. San Pablo bien se ve que los había estudiado, pues los cita, y traduce el de Arato: *In ipso enim vivimus, et movemur, et sumus*[88] y alega el otro de Parménides: *Cretenses semper mendaces, malae bestiae, pigri*[89]. San Gregorio Niacanceno[90] disputa en elegantes versos las cuestiones de Matrimonio y la de la Virginidad. Y ¿qué me canso? La Reina de la Sabiduría y Señora nuestra, con sus sagrados labios, entonó el Cántico de la Magnificat[91]; y habiéndola traído por ejemplar, agravio fuera traer ejemplos profanos, aunque sean de varones gravísimos y doctísimos, pues esto sobra para prueba; y el ver que, aunque como la elegancia hebrea no se pudo estrechar a la mensura latina, a cuya causa el traductor sagrado, más atento a lo importante del sentido, omitió el verso, con todo, retienen los Salmos el nombre y divisiones de versos; pues ¿cuál es el daño que pueden tener ellos en sí? Porque el mal uso no es culpa del arte, sino del mal profeSor que los vicia, haciendo de ellos lazos del demonio; y esto en todas las facultades y ciencias sucede.

Pues si está el mal en que los use una mujer, ya se ve cuántas los han usado loablemente; pues ¿en qué está el serlo yo? Confieso desde luego mi ruindad y vileza; pero no juzgo que se habrá visto una copla mía indecente. Demás, que yo nunca he escrito cosa alguna por mi voluntad, sino por ruegos y preceptos ajenos; de tal manera, que no me acuerdo haber escrito por mi gusto sino es un papelillo que llaman *El Sueño*. Esa carta que vos, Señora mía, honrasteis tanto, la escribí con más repugnancia que otra cosa; y así porque era de cosas sagradas a quienes (como he dicho) tengo reverente temor, como porque parecía querer impugnar, cosa a que tengo aversión natural. Y creo que si pudiera haber prevenido el dichoso

---

[87] ***Omnis poetica...***: "Toda locución poética ha tenido su origen en las Divinas Escrituras".

[88] ***In ipso***: "Porque en él vivimos, y nos movemos y somos". Ver Hechos de los Apóstoles 17:20.

[89] ***Cretenses semper***: "Los cretenses siempre son mentirosos, malas bestias, perezosos". Ver Carta a Tito 1:12. Parménides fue un filósofo griego (510 a. C.) quien escribió un poema titulado Sobre la naturaleza, del que se conservan pocos fragmentos.

[90] **San Gregorio Niacanceno**: Doctor de la Iglesia (329-389). Obispo de Constantinopla, formuló el dogma de la consustanciación.

[91] **Cántico de la Magnificat**: Ver Lucas 1: 46.

destino a que nacía –pues, como a otro Moisés, la arrojé expósita a las aguas del Nilo del silencio, donde la halló y acarició una princesa como vos–; creo, vuelvo a decir, que si yo tal pensara, la ahogara antes entre las mismas manos en que nacía, de miedo de que pareciesen a la luz de vuestro saber los torpes borrones de mi ignorancia. De donde se conoce la grandeza de vuestra bondad, pues está aplaudiendo vuestra voluntad lo que precisamente ha de estar repugnando vuestro clarísimo entendimiento. Pero ya que su ventura la arrojó a vuestras puertas, tan expósita y huérfana que hasta el nombre le pusisteis vos, pésame que, entre más deformidades, llevase también los defectos de la prisa; porque así por la poca salud que continuamente tengo, como por la sobra de ocupaciones en que me pone la obediencia, y carecer de quien me ayude a escribir, y estar necesitada a que todo sea de mi mano y porque, como iba contra mi genio y no quería más que cumplir con la palabra a quien no podía desobedecer, no veía la hora de acabar; y así dejé de poner discursos enteros y muchas pruebas que se me ofrecían, y las dejé por no escribir más; que, a saber que se había de imprimir, no las hubiera dejado, siquiera por dejar satisfechas algunas objeciones que se han excitado, y pudiera remitir, pero no seré tan desatenta que ponga tan indecentes objetos a la pureza de vuestros ojos, pues basta que los ofenda con mis ignorancias, sin que los remita a ajenos atrevimientos. Si ellos por sí volaren por allá (que son tan livianos que sí harán), me ordenaréis lo que debo hacer; que, si no es interviniendo vuestros preceptos, lo que es por mi defensa nunca tomaré la pluma, porque me parece que no necesita de que otro le responda, quien en lo mismo que se oculta conoce su error, pues, como dice mi Padre San Jerónimo, *bonus sermo secreta non quaerit*[92], y San Ambrosio: *latere criminosae est conscientiae*[93]. Ni yo me tengo por impugnada, pues dice una regla del Derecho: *Accusatio non tenetur si non curat de persona, quae produxerit illam*[94]. Lo que sí es de ponderar es el trabajo que le ha costado el andar haciendo traslados. ¡Rara demencia: cansarse más en quitarse el crédito que pudiera en granjearlo! Yo, Señora mía, no he querido responder; aunque otros lo han hecho, sin saberlo yo: basta que he visto algunos papeles, y entre ellos uno que por docto os remito y porque el leerle os desquite parte del tiempo que os he malgastado en lo que yo escribo. Si vos, Señora, gustáredes de que yo haga lo contrario de lo que tenía propuesto a vuestro juicio y sentir, al menor movimiento de vuestro gusto

---

[92] ***Bonus sermo...***: "las buenas palabras no buscan el secreto".

[93] ***Latere criminosae...***: "Ocultarse es propio de la conciencia criminal". San Ambrosio, doctor de la Iglesia (340-407).

[94] ***Accusatio non tenetur...***: "La acusación no se sostiene si no la cuida la persona que la hizo".

cederá, como es razón, mi dictamen que, como os he dicho, era de callar, porque aunque dice San Juan Crisóstomo: *calumniatores convincere oportet, interrogatores docere*[95], veo que también dice San Gregorio: *Victoria non minor est, hostes tolerare, quam hostes vincere*[96] ; y que la paciencia vence tolerando y triunfa sufriendo. Y si entre los gentiles romanos era costumbre, en la más alta cumbre de la gloria de sus capitanes —cuando entraban triunfando de las naciones, vestidos de púrpura y coronados de laurel, tirando el carro, en vez de brutos, coronadas frentes de vencidos reyes, acompañados de los despojos de las riquezas de todo el mundo y adornada la milicia vencedora de las insignias de sus hazañas, oyendo los aplausos populares en tan honrosos títulos y renombres como llamarlos Padres de la Patria, Columnas del Imperio, Muros de Roma, Amparos de la República y otros nombres gloriosos, que en este supremo auge de la gloria y felicidad humana fuese un soldado, en voz alta diciendo al vencedor, como con sentimiento suyo y orden del Senado: Mira que eres mortal; mira que tienes tal y tal defecto; sin perdonar los más vergonzosos, como sucedió en el triunfo de César, que voceaban los más viles soldados a sus oídos: *Cavete romani, adducimus vobis adulterum calvum*[97]. Lo cual se hacía porque en medio de tanta honra no se desvaneciese el vencedor, y porque el lastre de estas afrentas hiciese contrapeso a las velas de tantos aplausos, para que no peligrase la nave del juicio entre los vientos de las aclamaciones. Si esto, digo, hacían unos gentiles, con sola la luz de la Ley Natural, nosotros, católicos, con un precepto de amar a los enemigos, ¿qué mucho haremos en tolerarlos? Yo de mí puedo asegurar que las calumnias algunas veces me han mortificado, pero nunca me han hecho daño, porque yo tengo por muy necio al que teniendo ocasión de merecer, pasa el trabajo y pierde el mérito, que es como los que no quieren conformarse al morir y al fin mueren sin servir su resistencia de excusar la muerte, sino de quitarles el mérito de la conformidad, y de hacer mala muerte la muerte que podía ser bien. Y así, Señora mía, estas cosas creo que aprovechan más que dañan, y tengo por mayor el riesgo de los aplausos en la flaqueza humana, que suelen apropiarse lo que no es suyo, y es menester estar con mucho cuidado y tener escritas en el corazón aquellas palabras del Apóstol: *Quid autem habes quod non accepisti? Si autem accepisti, quid gloriaris quasi non acceperis?*[98], para que sirvan de escudo que resista

---

[95] ***Calumniatores convincere...***: "A los calumniadores hay que convencerles, y enseñar a los que preguntan".

[96] **Victoria non minor...**: "No es menor victoria tolerar a los enemigos que vencerles".

[97] ***Cavete romani...***: "Cuidaos romanos, os traemos al calvo adúltero" (Suetonio).

[98] ***Quid autem habes***: "¿Qué tienes tú que no hayas recibido? Y si lo has recibido ¿por qué te glorias, como si no lo hubieses recibido? Ver Corintios 4:7".

las puntas de las alabanzas, que son lanzas que, en no atribuyéndose a Dios, cuyas son, nos quitan la vida y nos hacen ser ladrones de la honra de Dios y usurpadores de los talentos que nos entregó y de los dones que nos prestó y de que hemos de dar estrechísima cuenta. Y así, Señora, yo temo más esto que aquello; porque aquello, con sólo un acto sencillo de paciencia, está convertido en provecho; y esto, son menester muchos actos reflexos de humildad y propio conocimiento para que no sea daño. Y así, de mí lo conozco y reconozco que es especial favor de Dios el conocerlo, para saberme portar en uno y en otro con aquella sentencia de San Agustín: *Amico laudanti credendum non est, sicut nec inimico detrahenti*[99]. Aunque yo soy tal que las más veces lo debo de echar a perder o mezclarlo con tales defectos e imperfecciones, que vicio lo que de suyo fuera bueno. Y así, en lo poco que se ha impreso mío, no sólo mi nombre, pero ni el consentimiento para la impresión ha sido dictamen propio, sino libertad ajena que no cae debajo de mi dominio, como lo fue la impresión de la *Carta Atenagórica*; de suerte que solamente unos *Ejercicios de la Encarnación* y unos *Ofrecimientos de los Dolores*, se imprimieron con gusto mío por la pública devoción, pero sin mi nombre; de los cuales remito algunas copias, porque (si os parece) los repartáis entre nuestras hermanas las religiosas de esa santa comunidad y demás de esa ciudad. *De los Dolores* va sólo uno porque se han consumido ya y no pude hallar más. Hícelos sólo por la devoción de mis hermanas, años ha, y después se divulgaron; cuyos asuntos son tan improporcionados a mi tibieza como a mi ignorancia, y sólo me ayudó en ellos ser cosas de nuestra gran Reina: que no sé qué se tiene el que en tratando de María Santísima se enciende el corazón más helado. Yo quisiera, venerable Señora mía, remitiros obras dignas de vuestra virtud y sabiduría; pero como dijo el Poeta: *Ut desint vires, tamen est laudanda voluntas: hac ego contentos, auguror esse Deos*[100].

Si algunas otras cosillas escribiere, siempre irán a buscar el sagrado de vuestras plantas y el seguro de vuestra corrección, pues no tengo otra alhaja con que pagaros, y en sentir de Séneca, el que empezó a hacer beneficios se obligó a continuarlos; y así os pagará a vos vuestra propia liberalidad, que sólo así puedo yo quedar dignamente desempeñada, sin que caiga en mí aquello del mismo Séneca: *Turpe est beneficiis vinci*[101]. Que es bizarría del acreedor generoso dar al deudor

---

[99] ***Amico laudanti...***: "No hay que creer ni al amigo que alaba, ni al enemigo que detracta".

[100] ***Ut desint vires...***: "Aunque falten las fuerzas, sin embargo, hay que alabar la voluntad. Yo pienso que los dioses se contentan con ella" (Ovidio en *Epístolas Ex ponto*).

[101] ***Turpe est...***: "Es torpeza ser vencido en los benéficos" (Séneca).

pobre, con que pueda satisfacer la deuda. Así lo hizo Dios con el mundo imposibilitado de pagar: diole a su Hijo propio para que se le ofreciese por digna satisfacción.

Si el estilo, venerable Señora mía, de esta carta, no hubiere sido como a vos es debido, os pido perdón de la casera familiaridad o menos autoridad de que tratándoos como a una religiosa de velo, hermana mía, se me ha olvidado la distancia de vuestra ilustrísima persona, que a veros yo sin velo, no sucediera así; pero vos, con vuestra cordura y benignidad, supliréis o enmendaréis los términos, y si os pareciere incongruo el Vos de que yo he usado por parecerme que para la reverencia que os debo es muy poca reverencia la Reverencia, mudadlo en el que os pareciere decente a lo que vos merecéis, que yo no me he atrevido a exceder de los límites de vuestro estilo ni a romper el margen de vuestra modestia.

Y mantenedme en vuestra gracia, para impetrarme la divina, de que os conceda el Señor muchos aumentos y os guarde, como le suplico y he menester. De este convento de N. Padre San Jerónimo de Méjico, a primero día del mes de marzo de mil seiscientos y noventa y un años. B. V. M. vuestra más favorecida.

Juana Inés de la Cruz (1691)

(Traducción de notas por: D. Juan Carlos Merlo, ex catedrático de la escuela normal de Pedagogía de la Universidad de Buenos Aires, Argentina).

III

Tercera parte
Antología poética de Sor Juana Inés de la Cruz

Introducción a la poesía amorosa de Sor Juana

La poesía amorosa de Sor Juana está fundada en verdaderas experiencias amorosas, según Menéndez Pelayo, además de otros autores, críticos de la obra de esta mujer extraordinaria, afirman, en su conjunto, que su obra poética es resultado de una reflexión profunda, de un razonamiento, y de un enfrentamiento de la inteligencia y la sensibilidad. Lo mismo pudimos ver en su *Respuesta a sor Filotea*, pues en las páginas de esa larga carta prevalece el testimonio vivo de una monja intelectual que se enfrenta a su tiempo. Ahí, ella narra su vocación por las letras, su amor por el estudio; y la vocación que ella tenía, fue su mayor gloria y su mayor martirio.

Además de ser una mujer hermosa, como lo atestiguan sus retratos y las descripciones que de ella misma hace, en sus versos notaremos una pasión y el misterio que despierta en sus lectores por saber quién era Fabio o Silvio. Parece que sigue siendo un secreto por descifrarse.

La virtud de su poesía está en su trascendencia a través de todos estos siglos, renovándose en cada lector. Esto, a pesar de ser una poesía del siglo XVII, la cual tiene reminiscencias de otros poetas como Garcilaso de la Vega, de Góngora, de Séneca, Marcial, Ovidio…, pero la voz poética de Sor Juana es única.

Lo que se conoce como "la obra lírica de Sor Juana" es la creación de todos sus poemas, en total 366, y entre las formas de versificación que cultivó, se encuentran: villancicos, sonetos, romances, décimas, redondillas, glosas, liras, silvas y otras formas poéticas. Realmente podemos decir que tiene mucha producción lírica de poemas tanto sagrados, como profanos.

No existe un criterio establecido —cronológicamente hablando— para agruparlos; sin embargo, podemos dividir estos en cuanto a formas métricas. Por ejemplo, los romances. El romance tiene la característica de ser una serie indefinida de versos octosílabos con rima asonante en los pares y con los impares sueltos. Los temas que Sor Juana aborda en sus romances son muy variados: pueden ser amorosos, pastoriles, satíricos, religiosos y personales.

De los más elaborados son tres romances de amor humano, aparentemente autobiográficos: *Supuesto discurso mío*; *Si el desamor y el enojo* y el más profundo *Ya que para despedirme*. Lo mismo puede decirse del romance *Finjamos que soy feliz* en donde se aprecia una reflexión acerca de la vanidad humana por tratar de conocerlo todo a través de la razón.

Comencemos con este romance:

> Finjamos que soy feliz
> Triste pensamiento, un rato;
> Quizá podréis persuadirme,
> Aunque yo sé lo contrario

En estos primeros cuatro versos existe la plenitud del goce y doloridas quejas. Este espíritu dialéctico es característico del pensamiento de Sor Juana, el romance continúa así:

> Para todos se halla la prueba
> Y razón en que fundarlo;
> Y no hay razón para nada,
> De haber razón para tanto.

Parece decirnos que todo es relativo, que no hay absolutos; lo que es bueno para unos, es malo para otros, y agrega en este romance filosófico:

> El discurso es un acero
> Que sirve para ambos cabos:
> De dar muerte por la punta;
> Por el pomo, de resguardo.

En estos últimos versos existe una definición del saber:

> No es saber, saber hacer
> Discursos sutiles, vanos;
> Que el saber consiste sólo
> En elegir lo más sano.

Que resuelve con ingenuidad sobre problemas entre las instancias de la obligación y el afecto

[Romance Fragmento]

Supuesto, discurso mío,
Que gozáis en todo el orbe,
Entre aplausos de entendido,
De agudo veneraciones,
Mostradlo en el duro empeño
En que mis ansias os ponen,
Dando salida a mis dudas,
Dando aliento a mis temores.
Empeño vuestro es el mí;
Mirad que será deSorden
Ser en causa ajena, agudo, y en la vuestra propia, torpe.
Ved que es querer que, las causas,
Con afectos disconformes,
Nieves el fuego congele,
Que la nieve llamas brote.
Manda la razón de estado
Que, atendiendo a obligaciones,
Las partes de Fabio olvide,
Las prendas de Silvio adore;
O que, al menos, si no puedo
Vencer tan fuertes pasiones,
Cenizas de disimulo
Cubran amantes ardores,
Que vano disfraz las juzgo
Pues harán, cuando más obren,
Que no se mire la llama
No que el ardor no se note.
¿Cómo podré yo mostrarme,
Entre estas contradicciones,
A quien no quiero de cera;
A quien adoro de bronce?

Julieta Chufani Zendejas

> ¿Cómo el corazón podrá,
> Cómo sabrá el labio torpe
> Fingir halago, olvidando;
> Mentir, amando rigores?

Con que, en sentidos afectos, prelude al dolor de una ausencia

> Ya que para despedirme,
> Dulce idolatrado dueño
> Ni me da licencia el llanto
> Ni me da lugar el tiempo,
> Háblenle los tristes rasgos,
> Entre lastimosos ecos,
> De mi triste pluma, nunca
> Con más justa causa negros.
> Y aún ésta te hablará torpe
> Con las lágrimas que vierto,
> Porque va borrando el agua
> Lo que va dictando el fuego.
> Hablar me impiden mis ojos;
> Y es que se anticipan ellos,
> Viendo lo que he de decirte,
> A decírtelo primero.
> Oye la elocuencia muda
> Que hay en mi dolor, sirviendo
> Los suspiros, de palabras,
> Las lágrimas, de conceptos.

Introducción a los sonetos de Sor Juana

Sor Juana escribió sonetos de diversos temas, básicamente de cuatro, estos son: Filosófico-morales, Histórico-mitológicos, Satírico-burlescos, De amor y de discreción. Las suposiciones que se han hecho de que Sor Juana haya escrito sus sonetos en la época en que era dama de los Mancera, resulta poco creíble, máxime si Sor Juana habría tenido entre diecisiete y dieciocho años, más bien parecen poemas escritos en su madurez cuando en el convento de San Jerónimo se improvisaban y componían versos. Ciertamente sigue siendo revelador que se hayan escrito en un convento, y por una monja.

El soneto es una palabra de origen italiano (diminutivo *sonus*, que significa "tono"). La forma del soneto consiste en 14 versos endecasílabos divididos en dos cuartetos.

Sor Juana, en sus sonetos, se pronuncia contra las bellezas pasajeras del mundo; se queja de las persecuciones que sufrió; prefiere morir joven, antes que vencerse ante las incomodidades de la vejez; pero en donde ella realmente nos muestra su alma y su corazón, es en los sonetos de amor como el que sigue:

Esta tarde, mi bien, cuando te hablaba
En que satisfaga un recelo con la retórica del llanto

Esta tarde, mi bien, cuando te hablaba,
como en tu rostro y tus acciones vía
que con palabras no te persuadía,
que el corazón me vieses deseaba.

Y Amor, que mis intentos ayudaba,
venció lo que imposible parecía,
pues entre el llanto que el dolor vertía,
el corazón deshecho destilaba.

Baste ya de rigores, mi bien, baste,
no te atormenten más celos tiranos,
ni el vil recelo tu quietud contraste

con sombras necias, con indicios vanos:
pues ya en líquido humor viste y tocaste
mi corazón deshecho entre tus manos

Octavio Paz explica este soneto de la siguiente manera:

La primera línea la hora y la ocasión: *Esta tarde, mi bien, cuando te hablaba...* El primer cuarteto expone un pequeño conflicto sentimental que, a través de los diez versos siguientes, se anuda hasta que, en los tercetos, en rápidas y casi imperceptibles variaciones, es desanudada: el nudo-corazón se deshace en llanto. El desenlace es

Julieta Chufani Zendejas

una metamorfosis como la del otro soneto [*Este amoroso tormento*] pero no es una abstracción; el amante incrédulo puede ver y tocar esas lágrimas (Paz, 380).

El tema de este soneto es el de los celos, y el llanto es el desenlace como prueba de amor.

El siguiente soneto, *Detente sombra…*, es el compendio de la poesía amorosa de Sor Juana. El título nos advierte que se trata de "una fantasía contenta con amor decente", pero no sabemos si es decente por ser una fantasía o porque se resigna a serlo.

Por otro lado, Méndez Plancarte dice que hay afinidades en este soneto de Quevedo y Calderón, lo cual no es nada raro, lo interesante aquí es el tema del *fantasma* erótico, pero éste aparece en casi toda la poesía occidental, y resulta natural que Sor Juana recogiera este motivo.

Octavio Paz explica que el tema del *fantasma* "responde y corresponde [en Sor Juana], a una necesidad íntima y a su misma situación de mujer reclusa. ¿Qué y quiénes podían poblar sus horas sino ficciones?" (Paz, 381). Ya desde la Edad Media, la tradición de la poesía erótica occidental, ha sido la de la búsqueda del amor en el cuerpo del fantasma, y del fantasma en el cuerpo (Paz). Pero lo que también interesa de este poema es que se "resuelve" por la prolongación de la condena, ya sea que el *fantasma* se escape físicamente o no, la mente lo aprisiona.

Detente, sombra de mi bien esquivo
Contiene una fantasía contenta con amor decente

Detente, sombra de mi bien esquivo
imagen del hechizo que más quiero,
bella ilusión por quien alegre muero,
dulce ficción por quien penosa vivo.

Si al imán de tus gracias atractivo
sirve mi pecho de obediente acero,
¿para qué me enamoras lisonjero,
si has de burlarme luego fugitivo?

Mas blasonar no puedes satisfecho
de que triunfa de mí tu tiranía;
que aunque dejas burlado el lazo estrecho

que tu forma fantástica ceñía,
poco importa burlar brazos y pecho
si te labra prisión mi fantasía.

I
Procura desmentir los elogios que a un retrato de la poetisa Inscribió la verdad, que llama pasión

Este que ves, engaño colorido,
Que del arte ostentando los primores,
Con falsos silogismos de colores
Es cauteloso engaño del sentido;

Éste, en quien la lisonja ha pretendido
Excusar de los años los horrores,
Y venciendo del tiempo los rigores
Triunfar de la vejez y del olvido,

Es un vano artificio del cuidado,
Es una flor al viento delicada
Es un resguardo inútil para el hado;

Es una diligencia errada,
Es un afán caduco, y bien mirado,
Es cadáver, es polvo, es sombra, es nada.

II
Quéjase de la suerte: insinúa su aversión a los vicios y justifica su divertimento a las musas

En perseguirme, Mundo, ¿qué interesas?
¿En qué te ofendo, cuando sólo intento
Poner las bellezas en mi entendimiento
Y no mi entendimiento en las bellezas?

Julieta Chufani Zendejas

> Yo no estimo teSoros ni riquezas;
> Y así, siempre me causa más contento
> Poner riquezas en mi entendimiento
> Que no mi entendimiento en las riquezas.
>
> Y no estimo hermosura que, vencida,
> Es despojo civil de las edades,
> Ni riqueza me agrada fementida,
>
> Teniendo por mejor, en mis verdades,
> Consumir vanidades de la vida
> Que consumir la vida en vanidades.

Introducción a las redondillas de Sor Juana

Las redondillas son versos octosílabos con rima consonante abrazada: abba; o cruzada: abab. No tienen límite fijo de versos, es por lo mismo, una forma indefinida que puede prolongarse al gusto y "en esto reside su atractivo y su peligro" al decir de Octavio Paz.

Asimismo, Paz nos dice sobre la siguiente redondilla, que en ésta se mezclan las dos corrientes de su poesía erótica: la razonadora y la sentimental. En este poema "En que describe racionalmente los efectos irracionales del amor", habla tanto para sí misma, como para los demás, y no es al amante ausente o muerto, sino a nosotros los lectores a quienes más interpela. La redondilla que presentamos, es muy conocida:

En que describe racionalmente los afectos irracionales del amor

> Este amoroso tormento
> que en mi corazón se ve,
> sé que lo siento y no sé
> la causa por que lo siento.
> Siento una grave agonía
> por lograr un devaneo,
> que empieza como deseo

y para en melancolía.
Y cuando con más terneza
mi infeliz llanto lloro,
sé que estoy triste e ignoro
la causa de mi tristeza.
Siento un anhelo tirano
por la ocasión a que aspiro
y cuando cerca la miro
yo misma aparto la mano.
Porque si acaso se ofrece,
después de tanto desvelo,
la desazona el recelo
o el susto la desvanece.
Y si alguna vez sin susto,
consigo tal posesión,
que cualquier leve ocasión
me malogra todo el gusto.
Siento mal del mismo bien
con receloso temor,
y me obliga el mismo amor
tal vez a mostrar desdén.
Cualquier leve ocasión labra
en mi pecho, de manera,
que el que imposibles venciera
se irrita de una palabra.
Con poca causa ofendida,
sueño, en mitad de mi amor,
negar un leve favor
a quien le diera la vida.
Ya sufrida, ya irritada,
con contrarias penas lucho,
que por él sufriré mucho
y con él sufriré nada.
No sé en qué lógica cabe
el que tal cuestión se pruebe,
que por él lo grave es leve,
y con él lo leve es grave.

Julieta Chufani Zendejas

    Sin bastantes fundamentos
forman mis tristezas cuidados,
  de conceptos engañados,
  un monte de sentimientos;
   y en aquel fiero conjunto
  hallo, cuando se derriba,
  que aquella máquina altiva
  sólo estribaba en un punto.
   Tal vez el dolor me engaña
    y presumo, sin razón,
  que no habrá satisfacción
  que pueda templar mi saña;
   y cuando a averiguar llego
   el agravio porque riño,
   es como espanto de niño
  que para en burlas y juego.
   Y aunque el desengaño toco,
   con la misma pena lucho,
  de ver que padezco mucho
  padeciendo por tan poco.
    A vengarse se abalanza
   tal vez el alma ofendida,
   y después, arrepentida,
  toma de mí otra venganza.
    Y si el desdén satisfago,
   es con tan ambiguo error,
   que yo pienso que es rigor
    y se remata en halago.
   Hasta el labio desdentado
   suele, equívoco, tal vez,
    por usar tal altivez
  encontrar el rendimiento.
   Cuando por soñada culpa
  con más enojo me incito,
  yo le recrimino el delito
   y le busco la disculpa.
No huyo el mal ni busco el bien,

Antología de Sor Juana Inés de la Cruz

porque, en mi confuso error,
ni me asegura el amor
ni me despecha el desdén.
En mi ciego devaneo,
bien hallada con mi engaño,
solicito el desengaño
y no encontrarlo deseo.
si alguno mis quejas oye,
más a decirle me obliga
porque me las contradiga,
que no porque las apoye.
Porque si con la pasión
algo contra mi amor digo,
es mi mayor enemigo
quien me concede razón.
Y si acaso en mi provecho
hallo la razón propicia,
me embaraza la justicia
y ando cediendo el derecho.
Nunca hallo gusto cumplido,
porque, entre el alivio y dolor,
hallo culpa en el amor
y disculpa en el olvido.
Esto de mi pena dura
es algo del dolor fiero;
y mucho más no refiero
porque pasa de locura.
si acaso me contradigo
en este confuso error,
aquel que tuviere amor
entenderá lo que digo.

Hombres necios: la redondilla contra los hombres. Este poema, uno de los más famosos, si no es que el más famoso de Sor Juana, salvó a Sor Juana del olvido, pues se leyó durante los siglos XVII y XVIII. *Hombres necios...* es una sátira contra los hombres que, en la época en que fue compuesto resultó ser una respuesta, a la

Julieta Chufani Zendejas

vez, de todas las sátiras que se escribían contra las mujeres. ¡Y quién más que Sor Juana para escribir sobre su condición de mujer! Este poema es otro testimonio de su feminismo, aunque Octavio Paz se pregunta si una mujer podía ser feminista en aquella época. Podemos decir, junto con él, que el feminismo de Sor Juana no tenía la ideología del feminismo actual, a pesar de haber nacido de una misma circunstancia: la inferioridad de la mujer.

Escrito este poema en forma de redondilla, la voz de la poeta habla en forma viva. Lo más Sorprendente es que la novedad del poema no estriba tanto en el tema o en el tratamiento del tema, sino en que haya sido una mujer la que lo escribiera, añade Octavio Paz:

"En este sentido, el poema fue una ruptura histórica y un comienzo: por primera vez en la historia de nuestra literatura una mujer habla en nombre propio, defiende a su sexo y, con gracia e inteligencia, usando las mismas armas de sus detractores, acusa a los hombres por los vicios que ellos achacan a las mujeres" (Paz 399-400).

Hombres necios que acusáis
Arguye de inconsecuencia el gusto y la censura de los hombres, que en las mujeres acusan lo que causan

Hombres necios que acusáis
a la mujer sin razón,
sin ver que sois la ocasión
de lo mismo que culpáis.

Si con ansia sin igual
solicitáis su desdén,
¿por qué queréis que obren bien
si las incitáis al mal?

Combatís su resistencia
y luego con gravedad
decís que fue liviandad
lo que hizo la diligencia.

Parecer quiere el denuedo
de vuestro parecer loco
al niño que pone el coco
y luego le tiene miedo.

Queréis con presunción necia
hallar a la que buscáis,
para pretendida, Tais,
y en la posesión, Lucrecia.

¿Qué humor puede ser más raro
que el que, falto de consejo,
él mismo empaña el espejo
y siente que no esté claro?

Con el favor y el desdén
tenéis condición igual,
quejándoos, si os tratan mal,
burlándoos, si os quieren bien.

Opinión ninguna gana,
pues la que más se recata,
si no os admite, es ingrata,
y si os admite, es liviana.

Siempre tan necios andáis
que con desigual nivel
a una culpáis por cruel
y a otra por fácil culpáis.

¿Pues cómo ha de estar templada
la que vuestro amor pretende,
si la que es ingrata ofende
y la que es fácil enfada?

Mas entre el enfado y pena
que vuestro gusto refiere,
bien haya la que no os quiere
y queja enhorabuena.
Dan vuestras amantes penas
a sus libertades alas
y después de hacerlas malas
las queréis hallar muy buenas.

Julieta Chufani Zendejas

¿Cuál mayor culpa ha tenido
en una pasión errada:
la que cae de rogada
o el que ruega de caído?

¿O cuál es más de culpar,
aunque cualquiera mal haga:
la que peca por la paga
o el que paga por pecar?

¿Pues para qué os espantáis
de la culpa que tenéis?
Queredlas cual las hacéis
o hacedlas cual las buscáis.

Dejad de solicitar
y después con más razón
acusaréis la afición
de la que os fuere a rogar.

Bien con muchas armas fundo
que lidia vuestra arrogancia,
pues en promesa e instancia
juntáis diablo, carne y mundo.

Hay sonetos que presentan un juego dialéctico, pues juega con conceptos y logra una musicalidad absoluta gracias a su maestría, además del penetrante conocimiento de la psicología humana, tal es el caso del siguiente poema:

Al que ingrato me deja, busco amante
[*Poema: Texto completo*]
Sor Juana Inés de la Cruz

Prosigue el mismo asunto y determina que prevalezca la razón contra el gusto
Al que ingrato me deja, busco amante;
al que amante me sigue, dejo ingrata;
constante adoro a quien mi amor maltrata;
maltrato a quien mi amor busca constante.

Al que trato de amor hallo diamante;
y soy diamante al que de amor me trata;
triunfante quiero ver al que me mata
y mato a quien me quiere ver triunfante.

Si a éste pago, padece mi deseo:
si ruego aquél, mi pundonor enojo:
de entrambos modos infeliz me veo.

Pero yo por mejor partido escojo
de quien no quiero, ser violento empleo,
que de quien no me quiere, vil despojo.

Amor empieza por desasosiego
Que consuela un celoso epilogando la serie de los amores

Amor empieza por desasosiego,
solicitud, ardores y desvelos;
crece con riesgos, lances y recelos;
susténtase de llantos y de ruego.

Doctrínanle tibiezas y despego,
conserva el ser entre engañosos velos,
hasta que con agravios o con celos
apaga con sus lágrimas su fuego.

Su principio, su medio y fin es éste:
¿pues por qué, Alcino, sientes el desvío
de Celia, que otro tiempo bien te quiso?

¿Qué razón hay de que dolor te cueste?
Pues no te engañó amor, Alcino mío,
sino que llegó el término preciso

Correspondencias entre amar o aborrecer
Feliciano me adora y le aborrezco;
Lisardo me aborrece y yo le adoro;
por quien no me apetece ingrato, lloro,
y al que me llora tierno no apetezco.

Julieta Chufani Zendejas

A quien más me desdora, el alma ofrezco;
a quien me ofrece víctimas, desdoro;
desprecio al que enriquece mi decoro,
y al que le hace desprecios, enriquezco.

Si con mi ofensa al uno reconvengo,
me reconviene el otro a mí ofendido;
y a padecer de todos modos vengo,

pues ambos atormentan mi sentido:
aqueste con pedir lo que no tengo,
y aquél con no tener lo que le pido.

De la beldad de Laura enamorados
En la muerte de la excelentísima señora marquesa de Mancera (1674)

De la beldad de Laura enamorados
los cielos, la robaron a su altura,
porque no era decente a su luz pura
ilustrar estos valles desdichados.

O porque los mortales, engañados
de su cuerpo en la hermosa arquitectura,
admirados de ver tanta hermosura
no se juzgasen bienaventurados.

Nació donde el Oriente el rojo velo
corre al nacer al astro rubicundo
y murió donde con ardiente anhelo

da sepultura a su luz el mar profundo:
que fue preciso a su divino vuelo
que diese como el sol la vuelta al mundo.

Cuarta parte

Primero sueño
Introducción a *Primero Sueño*

Este largo poema en forma de silva lo escribió Sor Juana alrededor de los cuarenta y dos años de edad, para competir con Góngora, otro extraordinario poeta. Quizás por la edad que tenía al escribir esta obra, el poeta José Gaos advierte lo siguiente: "El poema de Sor Juana es un astro de oscuros fulgores absolutamente cereño en el firmamento de su edad".

Primero Sueño rivaliza con el poema de las *Soledades* de Góngora, y del que dijo ella misma en *Respuesta a sor Filotea*: "No me acuerdo de haber escrito por mi gusto sino un papelillo que llaman *El Sueño*". A pesar del intelectualismo que priva en esta silva, es el poema más personal que haya escrito Sor Juana, a decir de Octavio paz.

Esta silva combina de 975 versos endecasílabos (once versos) con heptasílabos (siete versos) que corren sin interrupción, como en un verdadero sueño. Podemos agregar que no sólo es una descripción, sino un verdadero discurso ininterrumpido.

Dada la influencia de Góngora, retoma el recurso de éste al poner incisos y paréntesis, aunque con un propósito distinto: "para contar un cuento único, en el que cada episodio es una experiencia espiritual" (Paz, 470).

Sor Juana parte de su asombro ante el misterio cósmico, así como del hombre y del mundo en sí. Su asombro es lúcido y quiere conocer todas las cosas. Es también la lucha de la inteligencia contra las tinieblas en donde, a través del sueño –como ella lo titula– tratará de alcanzar su objetivo. Sin embargo, no está lleno de luz como las *Soledades,* sino de penumbras en donde prevalecen el blanco y el negro.

Primero Sueño parece haber sido escrito alrededor de 1680, ya que se encuentran muchas alusiones dentro de este poema al *Neptuno alegórico*, como la alusión a Harpocrates, dios del silencio, así como a los "peces mudos".

A propósito del tema de los sueños, Sor Juana confiesa en su *Respuesta* que "ni aun el sueño se libró de este continuo movimiento de mi imaginativa; antes suele

Julieta Chufani Zendejas

obrar en él el más libre y desembarazada, confiriendo con mayor claridad y sosiego las especies que ha observado del días, arguyendo, haciendo versos, de los que os pudiera hacer un catálogo muy grande, y de algunas razones y delgadezas que he alcanzado dormida mejor que despierta».

Este poema, a decir de Chávez, pudo ser el primero del catálogo de sueños que ella hubiese querido escribir. Sin embargo, ella misma explica la génesis de este poema con las siguientes palabras: "Siendo noche me dormí; soñé que de una vez quería comprender todas las cosas de que el Universo se compone; no pude ni aun divisar por sus categorías ni a un sólo individuo. Desengañada, amanecí y desperté".

A pesar de dar la impresión de la vaguedad o de lo caótico que puede resultar un sueño, en este poema, conforme se va adentrando en él, se percibe una estructura interna fuerte.

Como podremos apreciar, en la versión en prosa, ésta se divide en XII partes; sin embargo, existen otras posibilidades, por ejemplo, en cinco partes (según la estructuración de Pfendl): *El hechizo del sueño* del verso 1 al 191 en donde muestra el espectáculo de la noche, sonidos de aves nocturnas, la imagen piramidal y el silencio que todo lo envuelve; *La teoría del sueño*, del verso 192 al 291 aquí describe científicamente cómo se produce el sueño; *La vivencia del sueño* del 292 al 828 es la parte más extensa del poema donde describe, a su vez, el vuelo del alma libre de sus ocupaciones materiales, la ascensión hacia las esferas celestes y en este esfuerzo –aunque desea captarlo todo intuitivamente–, se percata que sólo Dios puede hacerlo; *El tránsito del umbral del sueño* del 829 al 886 es la parte cuando el cuerpo va desandando su camino que lo entregó en manos del sueño y cómo los miembros recobran su actividad normal, así como los fantasmas del sueño desaparecen; ya en la última parte, *El nacimiento del Sol*, muestra cómo el Sol invade con su luz a la oscuridad de la noche, y es cuando ella despierta.

El título del poema llama mucho la atención, por ejemplo, Alfonso Reyes se pregunta si los surrealistas se han asomado al sueño de Sor Juana, Chávez habla de poesía caótica, Méndez Plancarte habla de un mundo confuso, como el de los sueños. Octavio Paz lo entiende como la peregrinación del alma de Sor Juana que viaja por las esferas supranaturales en tanto su cuerpo duerme. Pero sobre todas estas observaciones, la originalidad es Sorprendente, pues no existe nada parecido a este poema durante los siglos XVI y XVII, en cuanto a fondo y forma se refiere.

El poema expone los funcionamientos del sueño, así como de algunos órganos del cuerpo humano, el corazón y los pulmones, además de la digestión, la respiración, y del "sustento del cerebro"; describe fenómenos astronómicos, en fin, hasta llegar a la mañana siguiente.

Primero sueño es la reconstrucción del mundo de Sor Juana, pero de su mundo íntimo, interior que, mediante el sueño, transforma en creación poética. Se ha dicho que como poesía, es la transformación de la realidad, por ello contiene el drama erótico de Sor Juana. Esto es así porque en el sueño puede liberar un problema interior y el sueño poético llevado a la escritura –que es la sublimación del deseo reprimido del artista o del poeta– logra llevar a cabo la realización de un deseo oculto. En el caso de Sor Juana lograr la libertad liberándose de su sensualidad.

Este *Sueño* de Sor Juana es muy particular, puesto que es sueño dirigido en donde rompe con las barreras de lo inconsciente para hacerlo consciente. Ella logró a través de este poema una descarga, una liberación.

Según algunos autores, se habla de dos yos en esta obra; uno ideal y otro real. El yo ideal de Sor Juana es el ego, el otro es el exterior, aquí ambos se contraponen y luchan entre sí.

Podemos considerar algunas características importantes que ayudarán a una mejor comprensión de este poema –tanto en su versión original como en la versión en prosa que presentamos en esta antología–, y algunas de éstas son las tres concepciones del mundo:

1. La animista o mitológica, ligada a la estética, así como a todos los seres mitológicos de la antigüedad clásica grecolatina. (Sor Juana llegó a conocer profundamente las obras de Ovidio, Virgilio, Hesíodo, así como los manuales de mitología del Renacimiento).
2. La religiosa, ligada a las pulsiones de vida y muerte. (Por medio de la poesía, logra superar la muerte, al menos temporalmente, es decir, en esta obra).
3. La científica, cuyo método es la observación. (Asimismo, Sor Juana presenta una serie de alusiones científicas referentes a las doctrinas médicas de Galeno, a las astronómicas de Ptolomeo, a las físicas y ópticas de Kircher, entre otras).

Debemos de agregar que *Primero Sueño* sigue manteniendo un enigma, algo parecido al cuadro de la *Monalisa* de Leonardo Da Vinci, pues nadie ha logrado desentrañar su profundo secreto y significado.

Primero Sueño de Sor Juana Inés de la Cruz
(Versión prosificada)

I. La Invasión de la Noche

La sombra piramidal y funesta, nacida de la tierra, encaminaba hacia el Cielo la punta altiva de sus vanos obeliscos, pretendiendo escalar las estrellas. Pero las bellas luces de éstas, siempre rutilantes y libres de aquel asalto, burlaban la tenebrosa guerra que con negros vapores les declaraba la misma Sombra impalpable, "fugitiva" ante el tacto. Quedaban las estrellas, en efecto, aún tan distantes y remontadas, que el atezado ceño de la tiniebla, ni siquiera llegaba al "convexo" de la esfera de la Luna —la Diosa que es tres veces hermosa, con sus tres hermosas faces— , y sólo dominaba en nuestra atmósfera sublunar, cuya diafanidad empañaba como con un denso vaho, pero contenta en tal imperio, que ella misma tornaba silencioso, no le consentía más rumor que las voces sumisas de las aves nocturnas, tan oscuras y graves, que no llegaban a interrumpir el silencio.

25 Con tardo vuelo y canto —desapacible para el oído, y más para el ánimo—, la avergonzada Nictimene (la Lechuza), que fue una doncella de Lesbos, metamorfoseada en tal ave en pena de un infando delito, acecha o espía los resquicios de las puertas sagradas de los Templos, o los huecos más propicios de sus altas claraboyas, que puedan ofrecerle capaz entrada; y cuando acaso logra penetrar, se aproxima —sacrílega— a las sacras lámparas de llama perenne, que ella apaga o extingue, si ya no es que la infama con peores irreverencias, consumiendo o bebiéndose su aceite: la materia crasa, convertida en claro licor, que había suministrado el árbol de Minerva [el olivo], como un sudor congojoso y un tributo forzado, cuando sus aceitunas fueron exprimidas bajo el peso de las prensas.

39 También aquellas tres doncellas Tebanas —las hijas de Minias—, que incrédulas de la deidad de Baco en vez de acudir a sus cultos, proseguían laboriosas sus tejidos y se entretenían en narrarse las leyendas de Píramo y Tisbe o de Marte y Venus, por lo que el Numen arrasó su casa, convirtió sus telas en hiedras y pámpanos, y a ellas las metamorfoseó en murciélagos, forman ahora como una segunda niebla, temiendo ser vistas aun en medio de las tinieblas, por su triste aspecto de aves con alas pero sin plumas. A tales tres hermanas temerarias, que así desafiaron a Baco trabajando en sus fiestas, su castigo tremendo les dio unas alas de parda y desnuda piel, tan ridículas que son mofa aun para las Aves Nocturnas más horribles. Y estas, en compañía con el Búho [Ascálafo, el indiscreto espía de Plutón, que por haber delatado una mínima falta de Proserpina se convirtió en esta ave, que ahora sirve a los agoreros de supersticioso indicio], componían, ellos solos la capilla, el ríspido coro de la noche, mezclando sus varias notas —máximas negras— con sus aun más frecuentes pausas, y tal vez aguardando el torpe avanzar de la perezosa mesura que con movimiento flemático les marcaba el viento, de ritmo tan detenido y tardo, que a él mismo a veces lo adormecía.

65 Este triste rumor intercedente de la turba asombrada y temerosa, no despertaba la atención, sino más bien invitaba al sueño. Su música lenta y obtusa inducía al sosiego y convidaba al reposo de los miembros, de igual modo que la Noche —como un silencioso Harpocrates, la deidad egipcia y griega que sellaba con un dedo sus labios— intimaba el silencio a los vivientes, a cuyo precepto imperioso, aunque no duro, todos obedecieron.

II. El Sueño del Cosmos

80 Sosegado ya el viento, y dormido el can, éste yace, y aquel —en absoluta quietud— no mueve ni aun sus propios átomos, temiendo hacer, con su ligero susurro, algún sacrílego rumor que, aunque mínimo, profane o viole la sagrada calma nocturna. El Mar, apaciguado su tumulto, ni siquiera mecía sus olas, que son la azul y móvil cuna en que duerme el Sol. Los Peces, siempre mudos, y ahora dormidos en sus lamosas grutas submarinas, eran mudos dos veces. Y no muy lejos de ellos, igualmente dormían los Pájaros Marinos, como Alcione engañosa y transformada también, vengaba ahora a los simples amantes a los que antes transformó en peces.

97 En los escondrijos del monte y en los cóncavos huecos de las rudas peñas —defendidos por la fragosidad de su altura, pero aun mejor asegurados por la oscuridad de su interior, capaz de hacer juzgar a mediodía que es de noche, y todavía incógnita hasta para el seguro pie montaraz del cazador más experto—, yacía también dormido todo el vulgo de los Brutos, depuesta u olvidada su ferocidad o su timidez, pagando a la Naturaleza el universal tributo del sueño, impuesto por su poder. Hasta el León, el Rey de los Animales [de quien fabulaban los viejos Naturalistas que dormía sin bajar los párpados], que simulaba vigilar, ya no velaba con los ojos abiertos.

113 El que fue antaño Príncipe glorioso, el cazador Acteón [que por Sorprender a Diana y sus Ninfas en los estanques del Eurotas, fue trocado en Ciervo y desgarrado por su propia jauría], convertido ya en tímido Venado, también duerme en la selva; pero, con vigilante oído, mueve una u otra de sus aguzadas orejas al más imperceptible temblor que agite los átomos del aire tranquilo, y escucha aquel ligero rumor, que aun entre el sueño lo sobresalta. Y recogida en la quietud de sus nidos —frágiles y móviles hamacas, que formó con lodo y bozas, en lo más espeso y sombrío del bosque—, duerme la leve turba la voladora muchedumbre de los pájaros, mientras el viento mismo también descansa del tráfago con que en el día lo cortan sus alas.

Julieta Chufani Zendejas

129 El ave generosa de Júpiter (como Reina, al fin) fía su peso a un solo pie, para no darse entera al descanso, al que considera vicio si pasa de lo preciso, cuidándose de no pecar por omisión en el exceso; y guarda en el otro pie una pequeña piedrecita, el reloj despertado de su leve sueño, que si bien fue admitida considera vicio si pasa de lo indispensable, por lo cual vive cuidadosa de no incurrir en culpas de por falta de vigilancia–, confía su entero peso a una de sus patas, apoyada toda en sólo ella, mientras que con la otra mantiene levantada una piedrecilla, que le servirá de reloj despertador al desprendérsele apenas dormite, para que así, cuando no pueda menos de caer por algún instante en el sueño, éste no pueda dilatarse, sino que al punto se lo interrumpa su regio deber de la vigilancia pastoral. ¡Oh gravosa carga de la Majestad que no permite ni el menor descuido, siendo esta acaso la razón que ha hecho –por misterio o símbolo– que la corona sea circular, significando, en su cerrado círculo dorado, que el afán y desvelo del buen gobernante debe ser no menos continuo!

147 El Sueño en fin, se había ya apoderado de todo; todo lo dominaba ya el silencio: hasta los salteadores nocturnos dormían, y hasta los trasnochadores amantes ya no se desvelaban.

III. El Dormir Humano
151 el conticinio ya casi iba pasando, y llegaba la mitad de la noche, cuando fatigados de las diurnas tareas, y no sólo oprimidos por el afán pesado del trabajo corporal, sino también cansados por el deleite, –puesto que todo objeto continuado, aun el más deleitoso, acaba por fatigar los sentidos, porque la Naturaleza pide siempre alternar el reposo y la actividad, como inclinándose alternativamente ya uno o ya otro de estos dos platillos, de esa balanza (de ese "fiel, infiel": fiel por lo ordenado, e infiel por su alternada inclinación a uno u otro de ambos extremos), con que rige y mantiene en equilibrio la aparatosa máquina del mundo, su espléndida y compleja organización–. Entonces, dominados ya los miembros por el dulce y profundo sopor, los sentidos quedaron, si no privados por siempre, si suspendidos de su actividad ordinaria –que es trabajo, aunque arriado, si es que hay amable trabajo–; y con ello, quedaron en quietud, cediendo ya al Sueño –imagen o retrato de la Muerte–, el cual, armado lentamente, embiste cobarde con sus armas soñolientas, y con ellas vence (no ya violento, sino perezoso) a todo hombre, desde el más humilde pastor al altivo rey, sin hacer distinción entre el sayal y la púrpura, puesto, que su rasero no conceptúa como privilegiada a persona alguna, desde el Papa (cuya tiara suprema se forma de tres coronas) hasta el

labradorcillo que vive en una choza de paja, y desde el Emperador (cuyo palacio dora el caudaloso Danubio) hasta el ínfimo pescador que pernocta bajo un techo de pobres juncos. Morfeo –en efecto, imagen poderosa de la Muerte, también en esto–, mide con siempre igual vara o medida los tejidos más burdos y los brocados.

192 El Alma, pues, –suspensa o descargada del gobierno exterior y del material empleo de las actividades sensitivas, en cuya ocupación da el día por bien o mal gastado–, ya ahora (en cierto modo alejada, ya que no separada enteramente, de los lánguidos miembros y de los huesos sosegados, oprimidos por la muerte temporal que es el Sueño), únicamente les suministra los dones del calor vegetativo, siendo entonces el cuerpo, en esa quietud, como un cadáver con alma, muerto si comparamos su estado con el de la vida normal, aunque vivo si lo cotejamos con la muerte absoluta: manifestando señas de dicho persistir de la vida, aunque algo tardas o escasas, el vital volante de ese reloj humano –el corazón–, que con los tranquilos y armoniosos latidos de sus arterias, ya que no con manecillas, da unas pequeñas muestras de su bien regulado movimiento.

210 Al Corazón, además, –rey de nuestros miembros, y centro vivo de nuestros espíritus vitales–, se asocia en esto el Pulmón, ese fuelle respirante que es como un imán que atrae el aire a nuestro interior, y que ora comprimiendo ora dilatando el flexible acueducto de músculos que es nuestra garganta, hace que en el resuelle el aire fresco que inhala de la atmósfera circundante, y que luego expele una vez que se ha calentado, el cual se venga de su expulsión robándonos cada vez un poco de nuestro calor natural y de nuestra vida: robos pequeños, que ahora ni siquiera sentimos, pero que nunca se recuperan y que vendrá algún tiempo en que los lloremos, pues no hay robo pequeño –o desdeñable y venial– cuando este se repite muchas veces (ni menos cuando se hace a cada instante, día y noche, por toda la vida).

226 El Corazón y los Pulmones, como decíamos, –testigos ambos sin tacha–, aseguraban la persistencia de la vida. Pero impugnaban esta información, aunque con voces mudas y sin aducir otro alegato que su silencio, todos los sentidos callados e inoperantes, e igualmente la lengua, por el hecho mismo de no poder hablar, también desmentía a aquéllos, reducida a torpe mudez. A favor de la vida, sin embargo, militaba además otro testimonio: el de la más competente o maravillosa oficina científica del calor y próvida despensera de todos los miembros, que –jamás avara y siempre diligente– no prefiere a las partes del

organismo más cercanas a ella, ni olvida a las más remotas, sino que procede como si tuviera rigurosamente anotada la ración que a cada una debe tocarle en la distribución del quilo que el incesante calor natural ha destilado de los alimentos: del manjar que —como piadoso medianero— interpuso su inocente sustancia entre ese calor y el húmedo radical pagando él por entero la compasión o la necia temeridad con que la expuso al peligro, según suele acaecer (por merecido castigo, si ello era ocioso), a aquel que se entremete en riña ajena y sale golpeado.

252 El Estómago, pues, —esa templada hoguera del calor humano, en la que se cuecen los alimentos, ya que no se forjen allí los rayos, como en la herrería de Vulcano—, enviaba al Cerebro los vahos de los cuatro humores que mutuamente se templan vapores húmedos, más en esta ocasión tan claros, que con ellos no sólo no empañaba su opacaba las diurnas imágenes senSoriales que la facultad estimativa trasmite a la imaginativa, y que ésta —más clarificada— entrega, para que las ateSore más fielmente, a la memoria, quien diligente las esculpe en sí y las guarda tenaz; sino que esos vapores, de tan claros, dejaban desahogo a la fantasía para sus nuevas creaciones.

IV. El Sueño de la Intuición Universal

266 Al modo que en el terso espejo del Faro de Alejandría —cristalina maravilla y amparo peregrino de aquella isla de Faros—, se veían a inmensa distancia de casi todo el reino de Neptuno (sin que esta lejanía lo impidiese) las naves que remotas lo surcaban distinguiéndose claramente el número, el tamaño y la fortuna que esos arriesgados navíos teman en la movediza llanura transparente, mientras sus velas leves y sus pesadas quillas se abrían camino entre los vientos y las aguas; así, de igual manera, la Fantasía, tranquila, iba copiando todas las imágenes de las cosas y —con mentales colores, luminosos aunque sin luz— su pincel invisible iba trazándose no sólo las efigies de todas las criaturas sublunares o terrestres, sino también las de aquellas otras que son como unas claras estrellas intelectuales —los espíritus puros y, los conceptos abstractos—, pues hasta donde cabe para ella la aprehensión de lo invisible o inmaterial, la propia Fantasía las representaba en sí, por ingeniosos medios, para exhibirlas al Alma.

292 El Alma misma, entre tanto, reconcentrada toda ella en una como intuición de su propio ser espiritual y su esencia hermosa, contemplaba esa centella o chispa de Dios que goza dentro de sí, por participación que Él mismo le dio, al haberla creado a Su semejanza, juzgándose, además, casi desatada de la cadena

del cuerpo, que la tiene siempre ligada y que grosera y torpe le dificulta el vitelo intelectual con que ora mide la inmensidad del firmamento ora estudia el armonioso, y a la par variadísimo giro de las estrellas, especulación astronómica que, cuando degenera en la Astrología judiciaria, al querer vanamente predecir los futuros libres, es una grave culpa y lleva en sí su justo castigo, siendo un cruel torcedor que le roba al hombre la paz; el Alma, digo, (creyéndose casi una Inteligencia separada, al modo de los Ángeles), se veía puesta, a su parecer, en la cumbre altísima de una Montaña tal, que junto de ella era un obediente enano el Monte Atlas que preside a todos los otros, y ni siquiera merecía llegar a ser su falda el Olimpo —cuya serena frente descuella sobre las tempestades, sin que la violen jamás los vientos–, pues las nubes que son obscura corona del Monte más elevado o del más soberbio entre los Volcanes que parecen gigantes que asaltan al Cielo y le intiman guerra, apenas si serán una densa faja de su enorme cintura, o un tosco cíngulo que, mal ceñido a ella, el viento lo sacude y lo desata, o que el calor del Sol, allí más próximo, lo disipa, como bebiéndoselo.

327 De tal Montaña, pues, aun a la zona más inferior —o sea, al tercio, primero de su espantable altura–, jamás pudo llegar el raudo vuelo del Águila, que se encumbra en el Cielo y que le bebe los rayos al Sol, ávida de anidar entre sus fulgores: y esto, aunque ha pretendido, trepando por la escalera del aire, que sus dos alas, rompan la inmunidad —o pasen los linderos inviolables– de aquella cumbre, y por más que ha esforzado como nunca su brío, ya batiendo sus dos velas de pluma [sus alas mismas], ya peinando la atmósfera con sus garras [como nadando en el viento].

V. El "Intermezzo" de las Pirámides
340 Las dos Pirámides —ostentaciones de Menfis (vano, o envanecido, por ellas) y es mero máximo de la Arquitectura, si es que no ya pendones (sólidos, en vez de tremolantes)–, cuya eminencia, coronada de bárbaras, trofeos sirvió a los Faraones de túmulo, y a la vez de estandarte que pregonaba al viento y a las nubes, cuando no al propio Cielo, las glorias de Egipto que ni la Fama podía cantar, enmudecida ante su muchedumbre, y las proezas de Menfis, su siempre vencedora y magna Ciudad, que hoy es el Cairo, de esta manera impresas en el viento y el Cielo;

354 estas dos moles, cuya estatura se elevaba con tal arte al irse adelgazando (y así "aumentaba", en armoniosa simetría, al "disminuirse"), que, cuanto más se encaminaba al Cielo, desaparecía entre los vientos a los ojos que la miraban,

Julieta Chufani Zendejas

aunque fuesen de lince, sin permitirles mirar la fina cúspide que parece tocar el primer orbe –o la celeste esfera de la Luna, hasta que ya rendida la mirada por el pasmo y no bajando poco a poco, sino despeñándose de tal excelsitud, se hallaba al pie de la extendida base, sin recobrarse de pronto, o recobrándose mal, del vértigo que fue grande castigo de la voladora osadía de los ojos;

369 estas construcciones cuyos cuerpos opacos, no contrarios al Sol, sino avenidos [que llegan] con sus luces y aun confederados con él (como limítrofes que eran), se velan tan íntegramente bañados por su resplandor, que –iluminados siempre en todas sus caras– nunca ofrecieron al fatigado aliento y a los débiles pies de los caminantes acalorizados la alfombra menos cálida, no ya digamos de una sombra, por pequeña que fuese, más ni siquiera de una señal de sombra...

379 Éstas, pues, –prescindiendo de que hayan sido meros monumentos civiles: "glorias de Egipto", o de que hayan tenido una función idolátrica: bárbaros jeroglíficos de ciego error se revisten de un hondo simbolismo en Homero: el dulcísimo y también Ciego vate de Grecia (salvo que, por narrar las gestas de Aquiles y las astucias bélicas de Ulises lo reclame por suyo el gremio de los historiadores, para aumentarle a su catálogo "más gloria que número", valiendo él solo por muchos); de cuya dulce serie numerosa de versos– "numerosa", por tantos y por armoniosos–, sería más arduo el robar un solo hemistiquio de los que le inspiró Apolo benigno, que no el arrebatar su fulminante rayo al temido Júpiter, o su pesada y férrea clava (o macana) a Hércules.

399 Según el aludido sentir de Homero, efectivamente, las Pirámides sólo fueron símbolos materiales, signos externos, de las dimensiones interiores que son especies intencionales del Alma –esto es, de la "actitud del espíritu humano"–: pues como la ambiciosa llama ardiente sube al Cielo en punta piramidal, así el Alma trasunta esa figura, y siempre aspira a la Causa Primera, que es el Centro al que tienden todas las líneas rectas (toda verdad y todo justo anhelo, y la Circunferencia infinita que en Sí contiene –virtual y eminentemente– todas las esencias.

VI. La Derrota de la Intuición
412 Estos dos Montes artificiales, por tanto, éstas dos maravillas, y aun dijérase que milagros–, y aun aquella blasfema y altiva Torre de Babel, de quien hoy (no ya en escombros de piedra, sino en la variedad de las lenguas, más indeleble a través del tiempo que todo lo devora) son todavía señales dolorosas los idiomas

Antología de Sor Juana Inés de la Cruz

diversos que dificultan el sociable trato de las varias razas y naciones, haciendo, que por sólo la extrañeza idiomática parezcan diferentes los hombres que hizo –unos esencialmente iguales– la Naturaleza...; las Pirámides, digo, y aquella Torre, si se comparan a la excelsa Pirámide Mental en donde el Alma se miró situada, sin saber cómo, quedarían rezagadas tan abajo –tan inferiores en ese vuelo hacia lo alto–, que cualquiera juzgaría que la cima de esta Pirámide Mental era ya alguna de las Esferas celestes, pues el ambicioso anhelo del Alma, encumbrándose en su propio vuelo, la alzó hasta la parte más excelsa de su mismo espíritu, tan remontada sobre sí misma, se le figuraba haber salido de sí y pasado a alguna nueva región.

435 Desde tamaña altura, casi inconmensurable, el Alma –la suprema Reina soberana de los sublunar, poseída a la vez de júbilo, suspensión, asombro y orgullo–, sin temer la distancia ni recelar de algún obstáculo opaco que interpuesto le oculte objeto ninguno, tendió la vista perspicaz de sus bellos ojos intelectuales– libre de todo embarazo de "anteojos" u otros adminículos, en la libre visión de todo lo creado: cuyo inmenso conjunto o cúmulo inabarcable, aunque –manifiesto a la vista– quiso dar señas de posible, no le dejo la mínima esperanza a la comprehensión: la cual retrocedió cobarde, entorpecida con la sobra de objetos y excedida su potencia por la magnitud de los mismos. No con menos rapidez tuvo que revocar disuadir de un propósito o una intención) su intención, arrepentida del audaz propósito, la vista que –descomedida– quiso en vano alardear contra el objeto que sobrepuja en excelencia a las pupilas: contra el Sol, digo, –el cuerpo luminoso–, cuyos rayos, despreciando las fuerzas desiguales que lo desafían, son la pena de fuego que castiga ese audaz ensayo, presuntuoso antes y después lamentado, imprudente experiencia, tan costosa, que (como Ícaro pagó su osado aproximarse al Sol, ahogándose en el mar al derretirse sus alas de cera), así a este otro Ícaro pequeñuelo, que trató de mirar al Sol, lo anegó el propio llanto en que hubo de deshacerse.

469 El ojo, pues, que osó clavarse en el Sol, no desistió tan rápido de su osadía, como aquí se rindió el Entendimiento, vencido por la inmensa multitud de tan complejas y diversas especies –que entre todas eran como un pesadísimo globo terráqueo que debieran sostener sus débiles hombros–, no menos que pasmado por las cualidades de cada uno de tan incontables objetos, al grado de que –pobre en medio de tamaña abundancia, y por ella misma, y confusa su elección en las neutralidades de aquel mar de asombros, sin poder decidirse a atender más bien a una que a otra de tantas maravillas–, se encontraba ya a punto de naufragar ("equívoco", o sin norte) en

Julieta Chufani Zendejas

aquellas olas. Precisamente por mirarlo todo, nada vela; y —embotado el Intelecto en tantas y tan difusas especies inabarcables que contemplaba, desde el uno hasta el otro de los ejes (o "polos") en que estriba la máquina giradora del firmamento–, no podía discernir, si ya digamos las partes sólo "perfeccionantes" del Universo (o sea, aquellas minucias accidentales que parecen tender únicamente a su ornato), mas ni siquiera las partes "integrantes", que son como los miembros, armoniosamente proporcionados, de la misma estructura substancial de su enorme cuerpo.

495 Acaecióle, en seguida, lo que a aquel a quien una larga obscuridad le ha robado los colores de los objetos visibles, que —si lo asaltan súbitos resplandores— queda más ciego con la sobra de luz, porque el exceso produce efectos contrarios en la débil potencia: el cual no puede recibir de nuevo la lumbre del Sol, por hallarse deshabituado, y contra esas ofensas de la luz apela a las tinieblas mismas que antes le eran obscuro obstáculo de su vista, y una vez y otra esconde con su mano las trémulas pupilas de sus débiles ojos deslumbrados, sirviéndole la sombra —ya ahora como piadosa medianera— de instrumento para que paulatinamente se habiliten y recobren, a fin de que después —ya constantes y sin desfallecer— ejerciten más firmes su operación. Recurso natural, éste de convertir el daño en remedio: sabiduría instintiva, que —confirmada por la experiencia— pudo quizá ser el maestro sin palabras y orador ejemplar que indujo a los Médicos para que dosificando escrupulosamente las secretas virtudes nocivas del veneno mortífero, ya por el sobrado exceso de sus propiedades cálidas o frígidas, o ya por las ocultas simpatías o antipatías con que operan las causas naturales, y logrando, al progresar en sus ensayos, ofrecer a nuestra suspensa admiración ese efecto innegable, aunque ignoremos su causa, con prolijo desvelo y con atenta y remiradora experimentación (aquilatada primero, como menos peligrosa, en los brutos animales), descubrieran la provechosa confección de los maravillosos contravenenos, —ambición la más alta de la ciencia de Apolo, el dios de la Medicina–, pues así es como el bien se saca a veces el mal.

540 No de otra suerte tuvo que acogerse a la sombra, y cerrar de pronto sus ojos, el Alma que se había quedado atónita por la visión de tamaño objeto: de todo el Cosmos. Recogió, por lo tanto, la atención, que —dispersa en tanta diversidad— ni siquiera lograba recobrarse del portentoso estupor que le había paralizado el raciocinio, sin dejarle sino apenas el informe embrión de un concepto confuso: porque este —mal formado— exhibía sólo un caos de las revueltas

especies que abrazaba, sin ningún orden ni en su unidad ni en su división; las cuales –mientras más se entrelazaban–, resultaban más incoherentes o incompatibles, por lo disímbolas, ciñendo con violencia lo desbordante de objeto tan enorme a un vaso tan breve como es el de nuestro entendimiento (o el de uno de nuestros conceptos): recipiente ya escaso de por sí, hasta para acoger la idea exhaustiva de uno cualquiera, aun el ínfimo y más humilde, de tantos seres.

VII. El Sueño de la Omnisciencia Metódica
560 Recogidas, así, las desplegadas velas que inadvertidamente había confiado al mar traicionero y al viento que agitaba sus alas, creyendo hallar constancia en el viento instable y fidelidad en el Sordo mar ("desatento" a todas las súplicas, aquella tempestad obligó al Alma, mal de su grado, a que encallara en la "mental orilla" –en la costa del océano del conocimiento– regresando a su punto de partida con el timón destrozando, y con los mástiles rotos, y besando las astillas de su bajel las arenas de aquella playa; y en ella, recobrado el Entendimiento, le sirvió de "carena" (o sea, lo reparó y calafateó) la cuerda reflexión y templada prudencia de un juicio discreto, que –refrenado en su misma actividad– estimo más conveniente el reducirse a algún asunto particular, o ir estudiando separadamente, grupo tras grupo, las cosas que se pueden sintetizar en cada una de las Diez Categorías en que las ordenó el arte lógica de Aristóteles: reducción metafísica que –captando las entidades genéricas en unas ideas o fantasías mentales donde la razón, al abstraer lo esencial, se desentiende de su materia concreta– enseña a formar ciencia de los Universales (de los géneros y las especies). Con lo cual se subsana sabiamente nuestra incapacidad natural de Poder conocer con una sola intuición todo lo creado; y haciendo escala de un concepto al otro, va dicho arte subiendo grada por grada, y sigue el orden relativo del comprender unas cosas por su relación con otras, obligado por el limitado vigor del Intelecto, que fía sus progresos a un sucesivo discurso, y cuyas débiles fuerzas va robusteciendo con sabia nutrición la doctrina. Porque el continuo y largo –aunque atractivo– curso de la enseñanza, le va infundiendo alientos robustos, con los cuales aspira altivo ya más fortalecido– al glorioso palio (o laurel) del más arduo empeño, ascendiendo los altos escalones, mediante su cultivo, primero en una y luego en otra facultad, hasta que sin sentirlo contempla la honrosa cúspide de la Sabiduría, –la dulce meta de su ya pretérito afán, y el dulce fruto de su siembra amarga, tan sabroso a su gusto que lo estima barato aun al precio de esas dilatadas fatigas–, y con pie valeroso, huella la erguida frente de tal Montaña.

Julieta Chufani Zendejas

VIII. Las Escalas del Ser

617 Mi Entendimiento, pues, quería seguir el método de esta ordenada secesión de actividades cognoscitivas: o sea, partiendo de los seres inanimados (o Minerales), –los menos favorecidos, por no decir que desvalidos, por la Naturaleza, que es la "causa segunda" que los produjo–, pasar después a la jerarquía, más noble, que –ya con vida vegetativa– es el primogénito, aunque grosero, de Thetis (o sean, las Aguas): el Reino Vegetal, que fue el primero que, con su virtud succionadora, les oprimió a sus fértiles pechos maternales las dulces fuentes de ese jugo terrestre, que es el alimento dulcísimo para su natural nutrición; y jerarquía, esa misma, que –adornada de cuatro operaciones contrarias–, ora atrae esas savias de la tierra, ora aparta cuidadosa lo que de entre ellas no le resulta asimilable, ora expele esos elementos superfluos, y ora, en fin, convierte en su propia sustancia las sustancias más útiles de entre las que había acopiado.

639 Investigada ya esta jerarquía de los seres (los vegetales), proyectaba mi Entendimiento dar otro paso: profundizar otra más bella forma de vida (la sensitiva, o sea el Reino Animal), enriquecida de sentidos y –lo que es más– de imaginación, potencia capaz de aprehender las imágenes de los objetos y digna de provocarle envidia –ya que no de causarle afrenta– a la Estrella inanimada que centellea más luminosa, por más que luzca resplandores soberbios, pues aun la más pequeña y baja creatura, entre las vivientes, les lleva una envidiable ventaja (por este privilegio de la vida) hasta a los astros más remontados.

 652 Haciendo de esta ciencia de los cuerpos (inanimados y vivientes, vegetales y animales) el cimiento –aunque escaso– para una superior construcción, quería mi Entendimiento pasar después al supremo y maravilloso compuesto triplicado, que ordenadamente reúne tres acordes líneas, –el "Compuesto Humano", que goza vida vegetativa, sensitiva y racional–, y que es un misterioso compendio de todas las formas inferiores (mineral, vegetal, animal, espíritu y, en suma, un "Microcosmos" o "Universo sintético"): bisagra en garzadora o nexo y punto de encuentro y de la naturaleza pura que se eleva en el trono más alto (los Espíritus Angélicos), y de la menos noble y más baja de las creaturas (los cuerpos inánimes); ataviada no sólo con las cinco facultades sensibles –los sentidos del ver, oír, oler, gustar y tocar–, sino también ennoblecida con las tres facultades interiores –memoria, entendimiento y voluntad–, que son las rectrices o dirigentes de nuestra vida propiamente humana (y, en cierto modo, de toda la Naturaleza a la que el hombre domina con

su razón y su libertad), puesto que aquella Sabia y Poderosa Mano de Dios así la enriqueció, y no en vano, para que fuese la Señora de las demás creaturas del orbe: término de Sus Obras, círculo en que se juntan la tierra y el Ciclo, última perfección de lo creado, y suprema complacencia– de su Eterno (o "Terno": Trino) Hacedor, y en quien, con satisfecho beneplácito, reposo (o dio por terminada la Creación) Su inmensa magnificencia; fábrica o construcción portentosa, que, cuanto más altiva llega a tocar el ciclo, el polvo –al que retorna por la muerte– le sella (o cierra) la boca: de quien pudo ser símbolo misterioso la sagrada visión que el Águila Evangélica –el Apóstol San Juan, autor humano del Apocalipsis– contempló en Patmos, la cual midió las estrellas y el suelo con iguales huellas, o bien aquella Estatua colosal que soñó el rey NabucodonoSor, que ostentaba la rica y altiva frente hecha de oro, y que tenía por base la más desdeñada y frágil materia –los pies de barro–, por lo cual se deshacía con un ligero vaivén.

690 El Hombre, digo, en fin: maravilla más grande que cuantas hubiera podido discurrir o fantasear nuestra mente: síntesis absoluta (o cabal y que exhibe las perfecciones del Ángel y del bruto y de la planta, y cuya "altiva bajeza" –cuya fusión de lo alto y de lo bajo– participa de la naturaleza de todas las restantes creaturas. ¿Y esto, por qué? ¿A qué fin habrá querido Dios que la naturaleza humana fuera un "microcosmos" o compendio del Universo? Quizá porque ella, más feliz que todas, sería encumbrada hasta la propia personalidad del Verbo de Dios, gracias a la amorosa Unión Hipostática entre la naturaleza humana y la Naturaleza Divina, en la Persona única de Cristo, verdadero Dios y Hombre. ¡Oh merced inefable! ¡Oh gracia nunca bien penetrada, aunque tan repetida, pues que parecería que la ignorásemos, a juzgar por lo poco que la apreciamos o lo mal que le comprendemos!

IX. La Sobriedad Intelectual

704 Por estos grados, pues, –el mineral, el vegetal, el bruto, y de este, en fin, al hombre, al ángel y a Dios–, quería unas veces ir avanzando mi Entendimiento; pero otras, disentía [o desistía] juzgando atrevimiento excesivo el que quisiera, razonarla todo, quien no entendía ni siquiera la parte más fácil y pequeña de los efectos naturales que más a mano tenemos.

Tal, en efecto, es el hombre, que no alcanza a explicarse el ignoto modo con que la fuente risueña –aquí en correcto, la fuente Aretusa, que nacida en Acaya se hunde en el subsuelo, y reaparece, pasado el mar, en Sicilia–, dirige su carrera cristalina, deteniendo su marcha en ambages (o vueltas o revueltas), y registrando

Julieta Chufani Zendejas

—clara "pesquisidora" o inspectora esos oscuros tramos subterráneos que se creerían los espantables senos de Plutón (los antros infernales), y las alegres praderas que parecen los amenos Campos Elíseos, que antaño fueron el tálamo de la triforme esposa del mismo Rey del Averno (Proserpina o Perséfone "triforme" por ser primero una doncella hija de Júpiter y Ceres, y luego raptada ya por Plutón, medio año Reina de los Infiernos, y el otro medio año Diosa de la Agricultura): curiosidad o inspección útil, aunque prolija, esta de Aretusa, la cual dio informes seguros de su bella hija Proserpina, aun no recobrada por ella, a la rubia Diosa (su madre Ceres), cuando trastornando montes y selvas y examinando prados y bosques, iba buscando a la misma Proserpina, que era su vida, y perdiendo su propia vida por el dolor de no dar con su paradero.

730 Y he aquí como otro ejemplo de que es una excesiva pretensión la del conocimiento universal para el hombre–, el hecho de que no sabemos siquiera, ante una pequeña flor, por qué es una figura de marfil la que circunscribe su frágil hermosura, –en una azucena–; o bien, por qué en la rosa–, una exquisita mezcla de colores, confundiendo la grana entre la blancura del alba, le da fragante atavío; o por que exhala esos perfumes de ámbar, y como despliega al viento su ropaje, más bello cuanto más delicado, que multiplica en sus frescas hijas innumerables, luciendo una rizada pompa cairelada de dorados perfiles, que –rompiendo el blando sello de su capullo– ostenta con ufanía los despojos o el botín de la dulce herida de la Cipria Diosa (la rojez de la sangre de Venus), o bien se apropia el candor del Alba y la púrpura de la Aurora, y mezclado uno y otro de estos tintes, resulta un ampo de nieve purpureo, y un rosicler (o un rojo esmalte) nevado: tornasol o color variable y complejo que se atrae los aplausos del prado a los que aspira (como Reina de las flores), y que es también quizá el vano preceptor maestro de vanidades, y aun el profano ejemplo de la industria femenina que convierte el más activo veneno el "Albayalde" o el "Soliman" en doblemente nocivo, haciéndolo también veneno espiritual, en el barniz de los afeites falaces y tentadores con que el cutis se finge resplandeciente.

757 Pues bien se repetía mi tímida Razón; si ante uno solo de estos objetos (una fuente, una flor) se arredra el conocimiento y el raciocinio se aparta desalentado; si ante una aislada especie particular, vista independiente de las demás y considerada prescindiendo de sus relaciones, tiene que huir vencido el entendimiento, y la razón asombrada –se arredra de tan ardua lucha, que se niega a acometer con valentía

porque teme cobarde no comprender jamás ese aislado objeto, o solo comprenderlo "tarde o mal" (a costa de ímprobas fatigas y con mezcla de errores), como podría esa misma flaca razón enfrentarse a todo el conjunto de tan inmensa espantable máquina (o sea la complicada estructura de todo el Cosmos), cuyo tremendo peso incomportable si no estribara en su centro mismo —que es la Omnisapiencia y Omnipotencia de Dios—, agobiaría las espaldas de Atlante y excedería a las fuerzas de Hércules, de suerte que el que fue bastante contrapeso del Cielo (cualquiera de estos dos personajes, que sostuvieron en sus hombros el firmamento) juzgaría menos pesada y grave esa mole, que la faena de investigar la Naturaleza...

X. La sed desenfrenada del Saber

781 Otras veces, en cambio, más esforzado, mi Entendimiento se reprochaba como una cobardía excesiva el renunciar al lauro del triunfo aun antes de haber siquiera entrado en la dura lid; y volvía su atención al audaz ejemplo del claro, joven, Faetonte —altivo auriga del ardiente Carro del Sol—, y me encendía el espíritu aquel impulso excelso y valeroso, aunque desventurado, donde —más que el temor ejemplos de escarmiento—, el ánimo halla sendas abiertas para la osadía, las cuales —si una vez han sido trilladas— no hay amenaza de ningún castigo que baste a remover (o disuadir) el segundo intento, o sea la renovada ambición de la misma hazaña.

796 Ni el panteón profundo que halló Faetonte al despeñarse en las aguas del Po —sepulcro azul de sus despojos ya calcinados—, ni el rayo vengador con el que Júpiter derribó a aquél mismo, o aquéllos otros con los que aplacó a los Gigantes ávidos de escalar el Olimpo, no logran conmover, por más que le advierten su temeridad, al ánimo arrogante, que, despreciando el vivir, resuelve eternizar su nombre en su ruina. Cualquiera de esas catástrofes, por el contrario, es más bien un ejemplo pernicioso, un tipo y modelo, que engendra nuevas alas para que repita aquellos vuelos el ánimo ambicioso, que —convirtiendo el terror mismo en un nuevo halago que lisonjea a la valentía, por la fascinación del peligro—, deletrea las glorias que conquistara si vence tamaño riesgo, entre los caracteres de la tragedia (en cuyos rasgos, como en otras tantas letras, parecería que no debía leerse sino el escarmiento).

811 ¡Ojalá, pues, que en semejantes audacias jamás se publicara su castigo, para que nunca volviera a intentarse la misma culpable temeridad; sino que, por el contrario, un político (o prudente) silencio —como discreto gobernante— rompiera los autos y memorias de tal proceso; o bien disimulara, en fingida ignorancia, cual

cerrando los ojos a esa especie de crímenes; o (a no poder dejarlos impunes) sólo secretamente castigara tales excesos de la petulancia, sin exhibir a las miradas del pueblo su ejemplo nocivo! La maldad, en efecto, de los extraordinarios delitos resulta peligrosa en su divulgación, de la que puede trascender un dilatado contagio, mientras que –siendo culpa sólo individual y no publicándose–, su reiteración será mucho más remota o improbable entre quienes la ignoren, que no entre quienes hayan recibido su noticia y la de su castigo, dizque para quedar escarmentados...

XI. El Despertar Humano

827 Pero entre tanto, –mientras que la elección de mi Intelecto zozobraba, confusa, entre los escollos de estas decisiones contrarias, tocando sirtes o arrecifes de imposibles en cuantos rumbos intentaba seguir–, el calor natural, no encontrando materia en que cebarse –pues su llama (que es llama, al fin, por moderada que sea) inevitablemente consume su pábulo, y aun podríamos decir que lo quema, siempre que ejercita su actividad–, ya habla lentamente transformado los manjares, convirtiendo en suya propia aquella ajena substancia; y el bullicioso hervor, que resultaba del encuentro del "húmedo radical" y de aquel ardiente "calor", habla ya cesado, al faltarles el medio (o sea, el alimento), en el maravilloso vaso natural del Estómago; y consiguientemente, los húmedos vapores soporíferos –que subiendo de este, embarazaran el trono racional, el Cerebro, desde donde derramaban a los miembros el dulce entorpecimiento–, consumidos ahora por los suaves ardores del calor, iban ya desatando las cadenas del Sueño. Sintiendo, pues, la falta de nutrición, los extenuados miembros –cansados del descanso–, ni del todo despiertos ni dormidos del todo, con tardos esperezos daban ya muestras de querer moverse, extendiendo poco a poco –todavía medio involuntariamente– los nervios entumecidos, y volviendo de un lado a otro los huesos fatigados por la misma fija postura.

864 Entreabriendo después los ojos, dulcemente impedidos hasta entonces por el beleño (o soporífico) natural, los sentidos empezaron a recobrar sus operaciones; y del Cerebro, que así se vio ya libre y desocupado, huyeron los fantasmas –las representaciones nocturnas de la fantasía–, desvaneciéndose su forma como si hubieran estado hechos de un ligero vapor y se trocaran en humo fugaz y en aire invisible... Tal, así, la Linterna Mágica, ayudadas no menos por la sombra que por la luz, representa pintadas varias figuras, simuladas en la blanca pared; y –guardando en sus temblorosos reflejos las debidas distancias de la docta perspectiva, según sus ciertas medidas confirmadas por reiterados experimentos–, a la sombra fugitiva,

que se desvanece en la claridad, la finge un cuerpo formado, dándole la apariencia de un volumen consistente, adornado de todas las dimensiones, por más que ni siquiera sea una real superficie.

XII. El triunfo del día

887 En tanto, el Sol –engendrador ardiente de la luz– reconocía ya próximo el término prefijado para acercarse al Oriente (de nuestra longitud), y se despedía de nuestros opuestos Antípodas con sus rayos crepusculares, puesto que para ellos hace su Occidente –con trémulos desmayos de su luz– en el punto mismo en que ilumina nuestro horizonte Oriental Antes, empero, la hermosa y apacible estrella de Venus –el Lucero matutino– rompió en su primer albor; y la Aurora, la bella esposa del viejo Tithón –tal como una Amazona vestida de mil luces, armada en guerra contra la Noche, y a un mismo tiempo hermosa y atrevida, y valiente aunque llorosa (por su rocío)–, mostró su gallarda frente, coronada de fulgores matutinos: tierno preludio, pero ya animoso, del llameante Planeta (el Sol), que venía reclutando sus tropas de bisoñas (o nuevas) vislumbres, y reservando a la retaguardia otras luces más veteranas y fuertes, para lanzarse ya al asalto contra la Noche, que –Tirana usurpadora del imperio del Día– ostentaba por corona el negro laurel de miles de sombras, y con nocturno cetro pavoroso regla las tinieblas que aun a ella propia infundían terror.

917 Pero apenas la bella precurSora y abanderada del Sol la misma Aurora, como su adalid y su alférez –tremoló en el Oriente su luminoso pendón, tocando al arma todos los bélicos y a la par dulces clarines de las Aves– diestros, por más que no enseñados, trompeteros sonoros-, citando la Noche cobarde como todos los tiranos y perturbada de medrosos recelos –aunque intento alardear de sus fuerzas, escudándose en su lúgubre capa, y recibiendo en ella las breves heridas de las fúlgidas estocadas de la Luz, si bien este su valor fue sólo un burdo pretexto de su cobardía–, conociendo su débil resistencia y ya casi confiando a la sola fuga su salvación, toco su ronca bocina (o cuerno) para recoger sus negros escuadrones y así poder retirarse en orden, al tiempo en que se vio asaltada por una más vecina plenitud de reflejos, que rayo la punta más encumbrada de los erguidos torreones del Mundo, que son los Montes.

943 Llegó el Sol, en efecto, cerrando el giro de oro que esculpió sobre el azul zafiro del Cielo, formado por mil veces mil puntos y por mil flujos o raudales dorados.

Julieta Chufani Zendejas

Líneas, digo, de clara luz, salían de su circunferencia luminosa, pautándole al firmamento su plana azul (o sea, llenándolo todo, como las "pautas" en toda la extensión de una hoja de papel rayado); y embestían, atropadas a la que poco antes fue Tirana funesta de su Imperio, la cual huyendo deSordenadamente, en su precipitación, iba pisando su propia sombra, tropezando en sus mismos horrores, y pretendía llegar al Occidente con su desbaratado –y ya caótico– ejército de tinieblas, acosado por la Luz, que le iba al alcance.

958 La fugitiva carrera de la Noche, consiguió, al fin, la vista del Ocaso, –esto es, llegar al borde de nuestro horizonte Occidental–; y recobrada (o vuelta a sus bríos) en su mismo despeñarse hacia el otro lado, y esforzando su aliento por la rabia misma de su derrota, determina, rebelde por segunda vez, coronarse Reina en esa otra mitad del globo terrestre que el Sol acaba de dejar desamparada Mas ya, en esto, ilustraba a nuestro Hemisferio la hermosa y áurea melena del mismo Sol: el cual, –con justa luz, fiel al orden distributivo, que da a cada quien lo suyo–, íbales repartiendo sus respectivos colores a las cosas visibles y restituyéndoles entera su actividad a los sentidos externos, quedando así –con una luz más cierta que la de la Aurora y del Sueño– iluminado el Cosmos a nuestros ojos, y yo despierta.

El Divino Narciso

Análisis del argumento de *El Divino Narciso*. En esta obra se narra la leyenda de Narciso y cómo murió por haberse enamorado de sí mismo al ver su reflejo; sin embargo, la obra contiene muchos y muy interesantes matices más allá de ser simplemente una adaptación de la leyenda. Lo más resaltante parece ser la inmensa carga religiosa de la obra y la genialidad y talento con que ésta autora mezcló la mitología y la religión, no sólo por la inclusión de los personajes bíblicos, que además representan una pequeña parte de la obra, sino por la manera en que logra que sintamos a Narciso como si de cierta manera se tratara de el Hijo de Dios (Jesús Cristo). Este sentimiento aparece desde el propio inicio de la obra, durante los cantos de la Sinagoga y la Gentilidad, adorando la primera a Dios y la segunda a Narciso con la particularidad de que cuando la Naturaleza Humana les pide unir sus cantos, el "Alabad al Señor todos los hombres" y el "Aplaudid a Narciso fuentes y flores" se funden en un solo discurso a una sola divinidad. Indudablemente no es ése el único lugar donde hallamos a Narciso como el Hijo de Dios, sino también cuando tras su muerte se le vuelve a hallar y declara que subirá para estar junto a su padre, tal como lo hizo Jesús, y destaca sobre todo las importantísimas declaraciones de Eco, quien le expresa que la Naturaleza Humana siempre ha sido pecadora y que si él ha muerto por sus pecados y ella continúa pecando ¿bajaría entonces de nuevo para volver a morir?. Es una muy buena reflexión sobre la religión y la manera como vemos a Dios. También podemos apreciar esa relación con Jesús en el discurso en el que se habla de que pasará cuarenta días caminando y Eco lo va a buscar para tentarlo porque ya debe tener hambre, esto nos lleva casi inmediatamente a la caminata de Jesús por el desierto, cuando el demonio le tentó durante cuarenta días. No puede negarse la diferencia principal entre el Narciso mitológico y este Narciso divino de la obra, quien cuando declara "Que mi belleza sola / es digna de adorarse..." no lo hace con vanidad y desdén, sino con verdad rigurosa como Cristo, hombre y Dios que es.

La mitología no deja de desempeñar un papel importante a lo largo de la obra, y por ello, cuando se está describiendo a Narciso se incluye sutilmente la leyenda de Jacinto, joven con quien Apolo jugaba en los campos de Esparta y al que un día hirió de muerte con el disco, por esto y con profundo dolor, Apolo lo transformó en una flor con forma de lirio pero de color púrpura, y grabó sus gemidos en sus pétalos que dicen "¡ay!, ¡ay!". Jacinto está también atado en leyenda a Áyax. Lo cierto es que Sor Juana Inés enlaza el nombre Jacinto tanto con la flor, como con la fábula mitológica. En toda la trayectoria del personaje de Narciso, resalta la frase en la que se declara "he de estar en un ser" (escena XII). Dicha frase tiene dos sentidos uno familiar y otro teológico, es decir, que no dejará de amar a la Naturaleza Humana y al mismo tiempo está unida a ella como si fueran una sola persona. Destaca mucho también como en esa misma escena, con la utilización de la frase "la dicha mayor de la humanidad" se refiera la autora a la muerte de Cristo, no por deleite en su sufrimiento, sino porque gracias a ello la humanidad ha sido redimida de sus pecados.

De igual manera la Naturaleza Humana desempeña un papel "triple" en esta obra. En algunos puntos se le percibe como la madre de Narciso, sobre todo por la manera en que Eco la describe destacando que poseen una semejanza y que por eso ella debe evitar que él la vea, porque se sentiría identificado. En otras ocasiones se le siente como la enamorada de Narciso, que lo busca y lo ansía como pareja, con fines de encontrarlo la Gracia la ayuda a esconderse en un lugar donde sabe que Narciso podrá verla (sobre un árbol que se refleja en el río) y finalmente se le percibe como hija de Narciso, a quien él redime y protege y ama con un amor fraternal muy intenso (como se supondría que es el amor de Dios) y a quién no juzga, sino

Julieta Chufani Zendejas

que trata como a su "ovejuela" perdida, llevándonos a la imagen bíblica de que los humanos erramos como ovejas, y que Jesús es el buen pastor, quien vino a buscar desde el cielo a su "ovejuela" (Naturaleza Humana).

Eco, por su parte, es representada como una hermosa mujer acompañada siempre por la Soberbia y el Amor Propio, lo que la lleva a querer ser la esposa de Narciso y siendo rechazada por éste busca venganza, lo que incluye el deseo de la muerte de Narciso. Sin embargo, cuando sus planes se ven frustrados se ahoga de dolor y está a punto de suicidarse, pero su Soberbia y Amor Propio no se lo permiten buscando consolarle de alguna manera. Finalmente termina por ser el "eco" de las palabras de lamento de Narciso y en ese momento establecen una conexión que nos hace pensar en la posibilidad del perdón y la redención de aquellos que en algún momento nos han ofendido. Claro que esta conexión es sólo momentánea porque luego ella debe poner en tela de juicio el amor de Narciso por la Naturaleza Humana, además es innegable la intención de poner a este personaje como antagonista, siendo que nos da suficientes datos para relacionarlo con la figura opuesta a Dios, es decir, el demonio, teniendo todos en cuenta que este personaje era el ángel más querido por Dios, pero que por sus malos sentimientos fue desterrado del Paraíso, de la misma manera en que Narciso rechazó a Eco. Sor Juana explica un poco de lo que es esta naturaleza de Eco en su obra, dejándonos ver que los demonios, en naturaleza, son ángeles o espíritus puros, hermosos, dotados de ciencia y poder y que estaban destinados tras una prueba a la visión beatífica de Dios, sin embargo, los que fueron rebeldes fueron condenados a pena eterna (citando la Biblia y a otro gran autor: Santo Tomás), inclusive justifica la ira de Eco contra la Naturaleza Humana, denotando que le tienen envidia de que vaya a ocupar el sitial celeste que ella perdió. Es notable que sea Eco la encargada de explicar el carácter sobrenatural del eclipse que se describe en la obra, resumiendo la explicación astrológica y descartándola como posibilidad para lo que allí ocurrió. Conocemos que cuando Cristo fue crucificado, el Sol se oscureció fuera del orden natural, y es esa la relación que vemos aquí con este eclipse al momento de la muerte de nuestro Divino Narciso.

Los personajes bíblicos que se usan en esta obra, aunque breves, denotan un interés de dar a conocer lo que esos personajes hicieron por su fe y su bondad, como a modo de dar una lección, y se citan las diferentes situaciones pasadas por cada uno de ellos, como Abel, quien ofreció mejor sacrificio a Dios que Caín. Pero de estos personajes el más resaltante es Enoc, ya que da la impresión de representar a dos Enoc bíblicos: el primogénito de Caín y el padre de Matusalén, cuando en realidad se da referencia a Enós, el hijo de Set.

Sobre *El Divino Narciso*

Esta obra forma parte de los autos sacramentales escritos por Sor Juana, todos precedidos por una loa, a saber: *El mártir del sacramento: San Hermenegildo, El cetro de José* y *El Divino Narciso* (1688). Los autos sacramentales se caracterizan por ser una representación dramática de carácter alegórico y versan sobre un dogma de la iglesia católica, cuyo fondo es la exaltación del sacramento de la Eucaristía.

Sor Juana y los autos sacramentales. La influencia que tuvo Pedro Calderón de la Barca en Sor Juana es relevante en cuanto a autos sacramentales se refiere. El autor de quien Sor Juana recibe influencia, fue el que llevó a su máxima expresión los autos sacramentales en España. Estos se representaban en Madrid, al aire libre en plazas públicas y sobre cuatro carros.

La trama, normalmente, refiere un relato humano que no necesita de un conocimiento previo o de una formación religiosa para quienes lo presencian como espectadores. Los temas, por su parte, son los referentes a la Eucaristía, a los sacramentos de la Iglesia católica cuya misión era resaltar la importancia de acatar los principios de la fe procurando ser ejemplerizantes por los beneficios que le otorgan al alma.

Sencillamente, la historia que se cuenta es presentada como una alegoría de la vida de santos, o bien, interpretaciones de leyendas y mitos de la Biblia, entrelazándose y complementándose de los misterios religiosos.

Sor Juana en su *Divino Narciso* continuará la tradición que en Nueva España se tenía de estos autos sacramentales, cuya historia se remontaría hacia 1539, puesto que "la costumbre de festejar el Corpus con representaciones teatrales fue trasplantada a Nueva España casi al otro día de la Conquista" (Paz, 451).

El Divino Narciso nunca se representó ni en España ni en América, sólo podemos apreciar las características que toma de Calderón de la Barca, con la diferencia de que en Nueva España ya existían, desde el siglo XVI, la inclusión en este tipo de obras de algunos elementos indígenas en las representaciones teatrales (como en el teatro de evangelización).

Sor Juana en su *Divino Narciso* crea una historia de pastores; Narciso y la Naturaleza Humana lo son. Es una especie de versión indiocristiana que se parecía en el ambiente, en las diferentes personificaciones, aunque lo más original es que resulta una mezcla de la mitología griega visualizada en un entorno americano.

Julieta Chufani Zendejas

Antecedentes de los autos sacramentales
El precurSor de estos dramas alegóricos fue Diego Sánchez de Badajoz, quien escribió precisamente unos dramas cuyos personajes eran los símbolos de la Fe, la Esperanza, la Caridad, la Verdad, entre otros. Sus dramas eran representados en las festividades de *Corpus Cristi*, y poco a poco fue creciendo su importancia, alcanzando su máximo apogeo en la España del siglo XVII con autores tan famosos como Lope de Vega (*El viaje del alma, El hijo pródigo, La boda entre el alma y el cuerpo*); Tirso de Molina (*No le arriendo la ganancia, El laberinto de Creta, Los hermanos parecidos, El colmenero divino*); y sobre todo, Pedro Calderón de la Barca (*El gran teatro del mundo, La vida es sueño,* este último en su versión original).

Estructura de los autos sacramentales
Estas piezas dramáticas tienen las siguientes particularidades:

- *Introducción*, llamada loa. Una loa tiene como finalidad la acción o efecto de loar, de alabar, asimismo, como poema dramático que es, su extensión suele ser breve y celebra, alegóricamente, a una persona ilustre o un acontecimiento Fausto.
- *Desarrollo.*
- *Culminación.* Termina con una serie de cantos, en la mayoría de ellos villancicos y bailes que lograban un final apoteótico para rescatar las festividades en las que encuentran su origen.

La originalidad de Sor Juana en *El Divino Narciso*. Como hemos dicho, la influencia de Calderón de la Barca en Sor Juana es significativa; sin embargo, en el auto sacramental *Eco y Narciso* de Calderón, su autor no hace una alegoría del mito de Narciso, puesto que la "asimilación" de Cristo en la figura de Narciso, le resultaba disparatada ideológicamente hablando.

Sor Juana, por su parte, logra con su *Divino Narciso* la representación máxima de la cultura barroca novohispana, amén de la erótica intelectual femenina –como se aprecia en sus muchos poemas–; y la intelectualidad femenina de su época (sobre todo en su *Respuesta…*).

Ella conforma tres tipos de personajes en este auto sacramental:

- Personajes alegóricos: Sinagoga, Gentilidad, Naturaleza Humana, Eco, Soberbia, Amor Propio, y Gracia.
- Personajes mitológicos: Narciso.
- Personajes bíblicos: Abel, Enoc, Abraham y Moisés.

Antología de Sor Juana Inés de la Cruz

El tema de *El Divino Narciso* lo toma Sor Juana de *Las metamorfosis* de Ovidio y he aquí, a continuación quién era Narciso:

> Narciso (mitología), en la mitología griega, hermoso joven, hijo del dios del río Cefiso y de la ninfa Líríope. A causa de su gran belleza, tanto doncellas como muchachos se enamoraban de Narciso, pero él rechazaba sus insinuaciones. Entre las jóvenes heridas por su amor estaba la ninfa Eco, quien había disgustado a Hera y ésta la había condenado a repetir las últimas palabras de lo que se le dijera. Eco fue, por tanto, incapaz de hablarle a Narciso de su amor, pero un día, cuando Narciso estaba caminando por el bosque, acabó apartándose de sus compañeros. Cuando él preguntaba "¿Hay alguien aquí?", Eco contenta respondía: "Aquí, aquí". Incapaz de verla oculta entre los árboles, Narciso le gritó: "¡Ven!". Después de responder: "Ven, ven", Eco salió de entre los árboles con los brazos abiertos. Narciso cruelmente se negó a aceptar el amor de Eco; ella estaba tan apenada que se ocultó en una cueva y allí se consumió hasta que nada quedó de ella salvo su voz. Para castigar a Narciso, Némesis, la diosa de la venganza, hizo que se apasionara de su propia imagen reflejada en una fuente. En una contemplación abSorta, incapaz de apartarse de su imagen, acabó arrojándose a las aguas. En el sitio donde su cuerpo había caído, creció una hermosa flor, que hizo honor al nombre y la memoria de Narciso. (**Microsoft** ® **Encarta** ® **2007**. © 1993--2006 Microsoft Corporation. Reservados todos los derechos).

El auto sacramental de Sor Juana convierte a esta fábula en una alegoría de la pasión de Cristo y de la institución de la Eucaristía. Esto no debe Sorprendernos, pues era costumbre que incluso en las novelas de caballería se trasladara lo divino a una obra literaria, así como aparece Jesús, como Amadís, en un auto sacramental de Lope de Vega; y sus doce apóstoles, como los doce pares. El mismo Calderón utiliza mucho este recurso.

Sor Juana conserva de la fábula de Narciso los tres elementos centrales: Narciso, Eco y la Fuente, pero —anota Octavio Paz— le añade la Naturaleza Humana y la Gracia. Octavio Paz lo explica de la siguiente manera:

> Dios creó al hombre a su semejanza pero la Fuente, enturbiada por la falta original y los otros crímenes de los hombres, no lava el rostro de la Naturaleza Humana, que fue antes trasunto de la divina. La Gracia muestra a la Naturaleza Humana un remanso puro, donde puede verse limpia e inocente. Ese

Julieta Chufani Zendejas

remanso alude a María que, siendo humana, sería concebida libre de pecado original. Aparece Eco, "pastora alborotada". Es la naturaleza angélica caída: Satán. La acompañan Soberbia y Amor Propio. La originalidad de Sor Juana consiste en haber transformado el mito pagano: Cristo no se enamora de su imagen, como Narciso, sino de la Naturaleza Humana, que es él y no es él. En Ovidio, el adivino Tiresias profetiza que Narciso morirá "cuando se conozca a sí mismo": el conocimiento equivale a la muerte. En el auto de Sor Juana el conocimiento no mata: resucita (Paz, 463).

El mito de Narciso nos cuenta cómo es que murió por haberse enamorado de sí mismo al ver su reflejo en el agua; Sor Juana logra presentar a Narciso como si se tratara de Jesús. Desde el inicio de la obra donde cantan la Sinagoga y la Gentilidad, adorando la primera a Dios, la segunda a Narciso, y hasta el momento cuando la Naturaleza Humana les solicita que unan sus cantos, éstos logran fundirse para que sus cantos se eleven a una sola divinidad.

Posteriormente, cuando Narciso muera, éste declarará que subirá al cielo con su Padre, así como lo hizo Jesús.

El Divino Narciso implica una reflexión entre dos mundos: el mitológico y el teológico.

Sobre las características mítico-teológicas en *El Divino Narciso*

En este apartado pretendemos retomar parte de de la historia que cuenta en este auto sacramental, así como ayudar al lector a que su acercamiento a la esta obra le sea más comprensible. Como hemos visto, Sor Juana se sirve de la mitología, de la historia de las Sagradas escrituras con la finalidad de comunicar ideas filosóficas y teológicas del cristianismo muy de cerca de la escolástica de su época. El principal cometido de los autos sacramentales, en general, es ése.

En cuanto a las características barrocas, hemos de agregar que Calderón resulta más conceptista y Sor Juana, más culterana; Calderón es más parco, habla en sus autos sacramentales más de vidas de santos e inventa sus propios personajes; Sor Juana es más libre en su búsqueda de motivos y de lugares teológicos, así como en su búsqueda de fuentes de donde ella quiere servirse para mostrar los misterios revelados.

Su misión era la exposición de los misterios de los dogmas cristianos, pero tratando de llegar a un público diverso, como lo era el de la Nueva España, para conmoverlo intelectual y emocionalmente. Un poco como lo hiciera el predicador

Fray Luis de Granada quien tenía que hacerse entender por sus oyentes, pero a su vez, deseaba conmover los corazones y moverlos al verdadero arrepentimiento de los pecados y lograr que amaran la virtud.

El Divino Narciso, a decir de Mauricio Beuchot Puente en su libro *Sor Juana: una filósofa barroca,* explica también que el Divino Narciso es el Hijo de Dios, el Nuevo Narciso que ama tener dos naturalezas: la humana y la divina, a diferencia del Narciso mitológico quien se enamora de él mismo. El Hijo de Dios es este Divino Narciso que se enamorará de una de sus dos esencias, de la divina.

Otro de los personajes importantes es la ninfa enamorada, la cual se enamora de Narciso, sólo que esta ninfa es la alegoría de los ángeles caídos. Eco quiere con amor es concupiscente al Divino Narciso y envidia a la naturaleza Humana el amor que éste le tiene; por ello, Eco, tratará a toda costa de evitar que Cristo ame a la naturaleza Humana, sin lograrlo.

En este auto sacramental de Sor Juana, Narciso se enamora de la naturaleza Humana, y la ninfa no alcanza su cometido. Ella termina convirtiéndose, es decir, metamorfoseándose, en un árbol, según la mitología.

La lógica que sigue este auto, es que si el Divino Narciso se enamora de la Naturaleza Humana, entregándose a ella, es porque su autora quiere resaltar el amor de Cristo hacia el ser humano, por cuya salvación y redención entrega su vida [...] Mueve el pensamiento que Cristo tenía de la naturaleza divina y podía haberse cerrado a su carácter de Dios, y no haberse preocupado de la Naturaleza Humana caída, la cual, a diferencia de la diabólica, sí tenía salvación (Mauricio Beuchot, 1-2).

El Divino Narciso es una obra absolutamente barroca, tanto en su forma como en su contenido, pues ambas se fusionan y se sobrecogen, llegando, incluso, a confundirse. Reúne las dos vertientes del barroquismo, la conceptista y la culterana. El autor por antonomasia del culteranismo es Góngora y del conceptismo, Quevedo, podemos apreciar que el primero es exuberante, cargado de metáforas, el otro es más juicioso, moderado. Sor Juana reúne ambas vertientes pues a veces muestra mesura, discreción; y otras, un entusiasmo exacerbado propio del culteranismo.

A fin de cuentas no es sino la misma personalidad barroca de Sor Juana la que une estas dos tendencias y que, para todo ser humano, el equilibrio entre ambas es una tarea esencial.

Julieta Chufani Zendejas

El Divino Narciso
(Versión completa)
Sor Juana Inés de la Cruz

Personajes:

El Divino Narciso
La Naturaleza Humana
La Gracia
La Gentilidad
La Sinagoga
Enós
Un Ángel
Eco, *la naturaleza angélica réproba*
La Soberbia
El Amor Propio
Ninfas
Pastores
Abraham
Moisés
Dos Coros De Música

CUADRO I
Escena I

Salen, por una parte, la Gentilidad, *de ninfa, con acompañamiento de* Ninfas *y pastores; y por otra, la* Sinagoga, *también de ninfa, con su acompañamiento, que serán los músicos; y detrás, muy bizarra, la* Naturaleza Humana, *oyendo lo que cantan.*

Sinagoga	¡Alabad al Señor todos los hombres!
Coro 1	¡Alabad al Señor todos los hombres!
Sinagoga	Un nuevo canto entonad
	a su divina beldad

114

	y en cuanto la luz alcanza,	5
	suene la eterna alabanza	
	de la gloria de su nombre.	
Coro 1	¡Alabad al Señor todos los hombres!	
Gentilidad	¡Aplaudid a Narciso, plantas y flores!	
	Y pues su beldad divina,	10
	sin igualdad peregrina,	
	es sobre toda hermosura,	
	que se vio en otra criatura,	
	y en todas inspira amores,	
Coro 2	¡Alabad a Narciso, fuentes y flores!	15
Sinagoga	¡Alabad,	
Gentilidad	aplaudid,	
Sinagoga	con himnos,	
Gentilidad	con voces,	
Sinagoga	al Señor,	
Gentilidad	a Narciso,	
Sinagoga	todos los hombres,	
Gentilidad	Fuentes y flores!	

(Pónese la Naturaleza Humana en medio de los dos coros.)

Naturaleza Humana	Gentilidad, Sinagoga,	
	que en dulces métricas voces	20
	a Dios aplaude la una,	
	y la otra celebra a un hombre:	

Julieta Chufani Zendejas

                    escuchadme lo que os digo,
                    atended a mis razones,
                    que pues soy madre de entrambas,   25
                    a entrambas es bien que toque
                    por ley natural oírme.

SINAGOGA   Ya mi amor te reconoce,
                    ¡Oh Naturaleza!, madre
                    común de todos los hombres.   30

GENTILIDAD   Y yo también te obedezco,
                    pues aunque andemos discordes
                    yo y la Sinagoga, no
                    por eso te desconoce
                    mi amor, antes te venera.   35

SINAGOGA   Y sólo en esto conformes
                    estamos, pues observamos,
                    ella allá entre sus errores
                    y yo acá entre mis verdades,
                    aquel precepto, que impone,   40
                    de que uno a otro no le haga
                    lo que él para sí no abone;
                    y como padre ninguno
                    quiere que el hijo le enoje,
                    así no fuera razón   45
                    que a nuestras obligaciones
                    faltáramos, con negar
                    nuestra atención a tus voces.

GENTILIDAD   Así es; porque este precepto,
                    porque ninguno lo ignore,   50
                    se lo escribes a tus hijos
                    dentro de los corazones.

NATURALEZA HUMANA Bien está; que ese precepto

	basta, para que se note	
	que como a madre común	55
	me debéis las atenciones.	
SINAGOGA	Pues dinos lo que pretendes.	
GENTILIDAD	Pues dinos lo que dispones.	
NATURALEZA HUMANA	Digo, que habiendo escuchado	
	en vuestras métricas voces	60
	los diferentes objetos	
	de vuestras aclamaciones:	
	pues tú, Gentilidad ciega,	
	errada, ignorante y torpe,	
	a una caduca beldad	65
	aplaudes en tus loores,	
	y tú, Sinagoga, cierta	
	de las verdades que oyes	
	en tus profetas, a Dios	
	Le rindes veneraciones;	70
	dejando de discurrir	
	en vuestras oposiciones,	
	(A la Gentilidad)	
	pues claro está que tú yerras	
	(A la Sinagoga)	
	y claro el que tú conoces	
	aunque vendrá tiempo, en que	75
	trocándose las acciones,	
	la Gentilidad conozca,	
	y la Sinagoga ignore...	
	Mas esto ahora no es del caso;	
	y así, volviéndome al orden	80
	del discurso, digo que	
	oyendo vuestras canciones,	
	me he pasado a cotejar	
	cuán misteriosas se esconden	

aquellas ciertas verdades 85
debajo de estas ficciones.
Pues si en tu Narciso, tú
tanta perfección supones,
que dices que es su hermosura
imán de los corazones, 90
y que no sólo la siguen
las ninfas y los pastores,
sino las aves y fieras,
los collados y los montes,
los arroyos y las fuentes, 95
las plantas, hierbas y flores,
¿con cuánta mayor razón
estas sumas perfecciones
se verifican de Dios,
a cuya beldad los orbes, 100
para servirle de espejos,
indignos se reconocen;
y a quien todas las criaturas
(aunque no hubiera razones
de tan grandes beneficios, 105
de tan extraños favores)
por su hermosura, no más,
debieran adoraciones;
y a quien la Naturaleza
(que soy yo), con atenciones, 110
como a mi centro apetezco
y sigo como a mi norte?
Y así, pues madre de entrambas
soy, intento con colores
alegóricos, que ideas 115
representables componen,
(A la Sinagoga)
tomar de la una el sentido,
(A la Gentilidad)
tomar de la otra las voces,

        y en metafóricas frases,
        tomando sus locuciones   120
        y en figura de Narciso,
        solicitar los amores
        de Dios, a ver si dibujan
        estos oscuros borrones
        la claridad de sus luces;   125
        pues muchas veces conformes
        divinas y humanas letras,
        dan a entender que Dios pone
        aun en las plumas gentiles
        unos visos en que asomen   130
        los altos misterios suyos;
        y así quiero que, concordes,
        (A la Sinagoga)
        tú des el cuerpo a la idea,
        (A la Gentilidad)
        y tú el vestido le cortes.
        ¿Qué decís?

SINAGOGA   Que por la parte   135
        que del intento me toque,
        te serviré yo con darte
        en todo lo que te importen,
        los versos de mis profetas,
        los coros de mis cantores.   140

GENTILIDAD   Yo, aunque no te entiendo bien,
        pues es lo que me propones,
        que sólo te dé materia
        para que tú allá la informes
        de otra alma, de otro sentido   145
        que mis ojos no conocen,
        te daré de humanas letras
        los poéticos primores
        de la historia de Narciso.

NATURALEZA HUMANA	Pues volved a las acordes	150
	músicas, en que os hallé,	
	porque quien oyere, logre	
	en la metáfora el ver	
	que, en estas amantes voces,	
	una cosa es la que entiende	155
	y otra cosa la que oye.	

Escena II

SINAGOGA	¡Alabad al Señor todos los hombres!	
CORO 1	¡Alabad al Señor todos los hombres!	
GENTILIDAD	¡Aplaudid a Narciso, plantas y flores!	
CORO 2	¡Aplaudid a Narciso, fuentes y flores!	160
SINAGOGA	Todos los hombres Le alaben	
	y nunca su aplauso acaben	
	los ángeles en su altura,	
	el cielo con su hermosura,	
	y con sus giros los orbes.	165
CORO 1	¡Alabad al Señor todos los hombres!	
CORO 2	¡Aplaudid a Narciso, fuentes y flores!	
GENTILIDAD	Y pues su beldad hermosa,	
	soberana y prodigiosa,	
	es de todas la mayor,	170
	cuyo sin igual primor	
	aplauden los horizontes,	
CORO 2	¡Aplaudid a Narciso, fuentes y flores!	
CORO 1	¡Alabad al Señor todos los hombres!	

SINAGOGA	Las aguas que sobre el cielo	175
	forman cristalino hielo,	
	y las excelsas virtudes	
	que moran sus celsitudes,	
	todas Le alaben conformes.	
CORO 1	¡Alabad al Señor todos los hombres!	180
CORO 2	¡Aplaudid a Narciso, fuentes y flores!	
GENTILIDAD	A su bello resplandor	
	se para el claro farol	
	del sol; y por ver su cara,	
	el fogoso carro para,	185
	mirando sus perfecciones.	
CORO 2	¡Aplaudid a Narciso, fuentes y flores!	
CORO 1	¡Alabad al Señor todos los hombres!	
SINAGOGA	El sol, la luna y estrellas,	
	el fuego con sus centellas,	190
	la niebla con el rocío,	
	la nieve, el hielo y el frío	
	y los días y las noches.	
CORO 1	¡Alabad al Señor todos los hombres!	
CORO 2	¡Aplaudid a Narciso, fuentes y flores!	195
GENTILIDAD	Su atractivo singular	
	no sólo llega a arrastrar	
	las ninfas y los zagales,	
	en su seguimiento iguales,	
	mas las peñas y los montes.	200
CORO 2	¡Aplaudid a Narciso, fuentes y flores!	

Julieta Chufani Zendejas

Coro 1   ¡Alabad al Señor, todos los hombres!

Naturaleza Humana   ¡Oh, qué bien suenan unidas
las alabanzas acordes,
que de su beldad divina   205
celebran las perfecciones!
Que aunque las desdichas mías
desterrada de sus soles
me tienen, no me prohíben
el que su belleza adore;   210
que aunque, justamente airado
por mis delitos enormes,
me desdeña, no me faltan
piadosos interceSores
que Le insten continuamente   215
para que el perdón me otorgue,
y el estar en mí su imagen,
bien que los raudales torpes
de las aguas de mis culpas
toda mi belleza borren: 220
que a las culpas, el Sagrado
Texto, en muchas ocasiones
aguas llama, cuando dice:
"No la tempestad me ahogue
del agua"; y en otra parte,   225
alabando los favores
de Dios, repite David
que su Dios, que le socorre,
le libró de muchas aguas;
y que los interceSores   230
llegan en tiempo oportuno,
pero que no en los furores
del diluvio de las aguas.
Y así, bien es que yo nombre
aguas turbias a mi culpa,   235
cuyos obscenos colores

entre mí y Él interpuestos,
tanto mi ser descomponen,
tanto mi belleza afean,
tanto alteran mis facciones, 240
que si las mira Narciso,
a su imagen desconoce.
Díganlo, después de aquel
pecado del primer hombre,
que fue mar, cuyas espumas 245
no hay ninguno que no mojen,
tantas fuentes, tantos ríos
obscenos de pecadores
en quien la Naturaleza
siempre sumergida, esconde 250
su hermosura. ¡Oh, quiera el cielo
que mis esperanzas topen
alguna fuente que, libre
de aquellas aguas salobres,
represente de Narciso 255
enteras las perfecciones!
Y mientras quiere mi dicha
que yo sus cristales toque,
vosotros, para ablandar
de Narciso los rigores, 260
repetid sus alabanzas
en tiernas aclamaciones,
uniendo a cláusulas llanto,
porque es lo mejor que oye.
Representad mi dolor; 265
que vuestras voces acordes
puede ser que Lo enternezcan,
y piadoso me perdone.
Y pues en edad ninguna
ha faltado quien abogue 270
por mí, vamos a buscar
la fuente en que mis borrones

	se han de lavar, sin dejar	
	las dulces repeticiones	
	de la música, diciendo	275
	entre lágrimas y voces:	

CORO 1   ¡Alabad al Señor todos los hombres!

CORO 2   ¡Aplaudid a Narciso, fuentes y flores!

Escena III
Salen Eco, Ninfa, alborotada; la Soberbia, de pastora, y el Amor propio, de pastor.

ECO
Soberbia, Amor Propio, amigos,
¿oísteis en esta selva   280
unas voces?

SOBERBIA
Yo atendí
sus cláusulas; por más señas
que mucho más que el oído,
el corazón me penetran.

AMOR PROPIO
Yo también, que al escuchar   285
lo dulce de sus cadencias,
fuera de mi acuerdo estoy.

ECO
Pues, y bien, ¿qué inferís de ellas?

SOBERBIA
Nada, porque sólo yo
conozco que me molestan,   290
como la Soberbia soy,
las alabanzas ajenas.

AMOR PROPIO
Yo sólo sé que me cansan
cariños que se enderezan,
como yo soy Amor Propio,   295
a amar a quien yo no sea.

ECO Pues yo os diré lo que infiero,
que como mi infusa ciencia
se distingue de mi Propio
Amor, y de mi Soberbia, 300
no es mucho que no la alcancen,
y es natural que la teman.
Y así, Amor Propio, que en mí
tan inseparable reinas,
que haces que de mí se olvide, 305
por hacer que a mí me quiera
(porque el Amor Propio
es de tal manera,
que insensato olvida
lo mismo que acuerda); 310
principio de mis afectos,
pues eres en quien empiezan,
y tú eres en quien acaban,
pues acaban en Soberbia
(porque cuando el Amor Propio 315
de lo que es razón se aleja,
en Soberbia se remata,
que es el afecto que engendra,
que es aquel que todas
las cosas intenta 320
sólo dirigidas
a su conveniencia),
escuchadme. Ya habéis visto
que aquesta pastora bella
representa en común toda 325
la Humana Naturaleza:
que en figura de una ninfa,
con metafórica idea,
sigue a una beldad que adora,
no obstante que la desprecia; 330
y para que a las divinas
sirvan las humanas letras,

valiéndose de las dos,
su conformidad coteja,
tomando a unas el sentido, 335
y a las otras la corteza;
y prosiguiendo las frases,
usando de la licencia
de retóricos colores,
que son uno, y otro muestran, 340
Narciso a Dios llama,
porque su belleza
no habrá quien la iguale,
ni quien la merezca.
Pues ahora, puesto que 345
mi persona representa
el ser angélico, no
en común, mas sólo aquella
parte réproba, que osada
arrastró de las estrellas 350
la tercer parte al abismo,
quiero, siguiendo la mesma
metáfora que ella, hacer
a otra ninfa; que pues ella
como una ninfa a Narciso 355
sigue, ¿qué papel me queda
hacer, sino a Eco infeliz,
que de Narciso se queja?
Pues ¿qué más beldad
que la suya inmensa, 360
ni qué más desprecio
que el que a mí me muestra?
Y así, aunque ya lo sabéis,
por lo que a mí me atormenta
(que soy yo tal, que ni a mí 365
reservo la mayor pena),
os referiré la historia
con la metáfora mesma,

para ver si la de Eco
conviene con mi tragedia.   370
Desde aquí el curioso
mire si concuerdan
verdad y ficción,
el sentido y letra.
Ya sabéis que yo soy Eco,   375
la que infelizmente bella,
por querer ser más hermosa
me reduje a ser más fea,
porque —viéndome dotada
de hermosura y de nobleza,   380
de valor y de virtud,
de perfección y de ciencia,
y en fin, viendo que era yo,
aun de la naturaleza
angélica ilustre mía,   385
la criatura más perfecta—,
ser esposa de Narciso
quise, e intenté soberbia
poner mi asiento en su solio
e igualarme a su grandeza,   390
juzgando que no
era inconsecuencia
que fuera igual suya
quien era tan bella;
por lo cual, Él, ofendido,   395
tan desdeñoso me deja,
tan colérico me arroja
de su gracia y su presencia,
que no me dejó ¡ay de mí!,
esperanza de que pueda   400
volver a gozar los rayos
de su divina belleza.
Yo, viéndome despreciada,
con el dolor de mi afrenta,

en odio trueco el amor   405
y en rencores la terneza,
en venganzas los cariños,
y cual víbora sangrienta,
nociva ponzoña exhalo,
veneno animan mis venas;   410
que cuando el amor
en odio se trueca,
es más eficaz
el rencor que engendra.
y temerosa de que   415
la humana naturaleza
los laureles que perdí,
venturosa se merezca,
inventé tales ardides,
formé tal estratagema,   420
que a la incauta ninfa obligo,
sin atender mi cautela,
que a Narciso desobligue,
y que ingrata y desatenta
Le ofenda, viendo que Él es   425
de condición tan severa,
que ofendido ya una vez,
como es infinita ofensa
la que se hace a su deidad,
no hay medio para que vuelva   430
a su gracia, porque
es tanta la deuda,
que nadie es capaz
de satisfacerla.
Y con esto a la infeliz   435
la reduje a tal miseria,
que por más que tristemente
gime al son de sus cadenas,
son en vano sus suspiros,
son inútiles sus quejas,   440

pues, como yo, no podrá
eternamente risueña
ver la cara de Narciso:
con lo cual vengada queda
mi injuria, porque 445
ya que no posea
yo el solio, no es bien
que otra lo merezca,
ni que lo que yo perdí,
una villana grosera, 450
de tosco barro formada,
hecha de baja materia,
llegue a lograr. Así es bien
que estemos todos alerta,
para que nunca Narciso 455
a mirar sus ojos vuelva:
porque es a Él tan parecida,
en efecto, como hecha
a su imagen (¡ay de mí!,
de envidia el pecho revienta), 460
que temo que, si la mira,
su imagen que mira en ella
obligará a su deidad
a que se incline a quererla;
que la semejanza 465
tiene tanta fuerza,
que no puede haber
quien no la apetezca.
Y así, siempre he procurado
con cuidado y diligencia 470
borrar esta semejanza,
haciéndola que cometa
tales pecados, que Él mismo
—soltando a Acuario las riendas—
destruyó por agua el mundo, 475
en venganza de su ofensa.

Mas como es costumbre suya,
que siempre piadoso mezcla
en medio de la justicia
los visos de la clemencia, 480
quiso, no obstante el naufragio,
que a favor de la primera
nadante tabla, salvase
la vida que aún hoy conserva;
que aun entre el enojo, 485
siempre se Le acuerda
la misericordia,
para usar más de ella.
Pero apenas respiró
del daño, cuando soberbia, 490
con homenajes altivos
escalar el cielo intenta,
y creyendo su ignorancia
que era accesible la esfera
a corporales fatigas 495
y a materiales tareas,
altiva torre fabrica,
pudiendo labrar más cuerda
inmateriales escalas
hechas de su penitencia. 500
A cuya loca ambición,
en proporcionada pena,
correspondió en divisiones
la confusión de las lenguas;
que es justo castigo 505
al que necio piensa
que lo entiende todo,
que a ninguno entienda.
Después de así divididos,
les insistí a tales sectas, 510
que ya adoraban al sol,
ya el curso de las estrellas,

ya veneraban los brutos,
ya daban culto a las peñas,
ya a las fuentes, ya a los ríos, 515
ya a los bosques, ya a las selvas,
sin que quedara criatura,
por inmunda o por obscena,
que su ceguedad dejara,
que su ignorancia excluyera; 520
y adorando embelesados
sus inclinaciones mesmas,
olvidaron de su Dios
la adoración verdadera;
conque amando estatuas 525
su ignorancia ciega,
vinieron a casi
transformarse en ellas.
Mas no obstante estos delitos,
nunca han faltado centellas 530
que de aquel primer origen
el noble ser les acuerdan;
y pretendiendo volver
a la dignidad primera,
con lágrimas y suspiros 535
aplacar a Dios intentan.
Y si no, mirad a Abel,
que las espigas agrega
y los carbones aplica,
para hacer a Dios ofrenda. 540

Escena IV
Ábrese un carro; va dando vuelta, en elevación, Abel, encendiendo la lumbre; y encúbrese cantando.

ABEL   ¡Poderoso Dios
                de piedad inmensa,
                esta ofrenda humilde
                de mi mano acepta!

Julieta Chufani Zendejas

ECO	Al santo Enós atended,	545
	que es el primero que empieza	
	a invocar de Dios el nombre	
	con invocaciones nuevas.	

(Pasa de la misma manera Enós, de rodillas, puestas las manos, y canta.)

ENÓS	¡Criador poderoso	
	del cielo y la tierra,	550
	sólo a Ti por Dios	
	confiesa mi lengua!	

ECO	Ved a Abraham, aquel monstruo	
	de la fe y de la obediencia,	
	que ni dilata matar	555
	al hijo, aunque más lo quiera,	
	por el mandato de Dios;	
	ni duda de la promesa	
	de que al número sus hijos	
	igualen de las estrellas.	560
	Y ved cómo Dios benigno,	
	en justa correspondencia,	
	la víctima le perdona	
	y el sacrificio le acepta.	

(Pasa Abraham, como lo pintan, y sale un Ángel.)

ÁNGEL	¡Para herir al niño (Canta.)	565
	la mano no extiendas,	
	que basta haber visto	
	cuánto al Señor temas!	

ECO	Ved a Moisés, que caudillo	
	de Dios al pueblo gobierna,	570
	y viendo que ha idolatrado	
	y Dios castigarlo intenta,	

su autoridad interpone
y osadamente Le ruega.

(Pasa Moisés, con las Tablas de la Ley, y canta.)

MOISÉS	¡O perdone al pueblo,	575
	Señor, tu clemencia,	
	o bórreme a mí	
	de la vida eterna!	
ECO	Pero ¿para qué es cansaros?	
	Atended de los profetas	580
	y patriarcas al coro	
	que con dulces voces tiernas	
	piden el remedio a Dios,	
	quieren que a aliviarlos venga.	
CORO 1	¡Abrid, claros cielos	585
	vuestras altas puertas,	
	y las densas nubes	
	al justo nos lluevan!	
ECO	Pues atended, misteriosa,	
	a otra petición opuesta,	590
	al parecer, a ésta, pues	
	dice con voces diversas:	
CORO 2	¡Ábranse las bocas	
	de la dura tierra,	
	y brote, cual fruto,	595
	el Salvador de ella!	
ECO	Con que los unos Le piden	
	que del cielo les descienda,	
	y que de la tierra nazca	
	quieren otros, de manera	600

que ha de tener, quien los salve,
entrambas naturalezas.
Pues yo, ¡ay de mí!, que en Narciso
conozco, por ciertas señas,
que es Hijo de Dios, y que 605
nació de una verdadera
mujer, temo, y con bastantes
fundamentos, que éste sea
el Salvador. Y porque
a la alegoría vuelva 610
otra vez, digo que temo
que Narciso, que desdeña
mi nobleza y mi valor,
a aquesta pastora quiera;
porque suele el gusto, 615
que leyes no observa,
dejar el brocado
por la tosca jerga.
Y para impedir, ¡ay triste!,
que sobre la injuria hecha 620
a mi ser y a mi hermosura,
otra mayor no me venga,
hemos de solicitar,
que si impedirle que a verla
no llegue, no sea posible, 625
que consigamos siquiera
que en las turbias aguas
de su culpa sea,
para que su imagen
borrada parezca. 630
¿Qué os parece?

SOBERBIA ¿Qué me puede
parecer, si de tu idea
soy, desde que tienes ser,
individua compañera,

tanto, que por asentir 635
a mis altivas propuestas,
en desgracia de Narciso
estás? Pero aunque desprecia
Él, y toda su facción,
tus partes y tu nobleza, 640
ya has visto, que cuando
los demás te dejan,
sólo te acompaña
siempre tu Soberbia.

AMOR PROPIO Y yo, que desde el instante 645
que intentaste tu suprema
silla sobre el Aquilón
poner, y que tu grandeza
al altísimo igualara,
me engendraste, contra ésa 650
que, representada en visos,
te dieron a entender que era
la que, aunque inferior
en naturaleza,
en mérito había 655
de ser más excelsa;
y dándote entonces tú
por sentida de la ofensa,
concebiste tal rencor,
engendraste tanta pena, 660
que en odio mortal,
que en rabiosa queja
se volvió el cariño,
trocó la fineza...
Y así, si soy tu Amor Propio, 665
¿qué dudas que me parezca
bien, que pues padeces tú,
el mundo todo padezca?
¡Padezca esa vil pastora,

           padezca Narciso y muera,　　　　　　　　　670
           si con muerte de uno y otro
           se borran nuestras ofensas!

Eco   Pues tan conformes estáis,
           y en la elevada eminencia
           de esta montaña se oculta,　　　　　　　　675
           acompañado de fieras,
           tan olvidado de sí
           que ha que no come cuarenta
           días, dejadme llegar
           y con una estratagema　　　　　　　　　　680
           conoceré si es divino,
           pues en tanta fortaleza
           lo parece, pero luego
           en la hambre que Le aqueja
           muestra que es hombre no más,　　　　　　685
           pues la hambre Le molesta.
           Y así yo intento llegar
           amorosa y halagüeña,
           que la tentación
           ¿quién duda que sea　　　　　　　　　　　690
           más fuerte, si en forma
           de una mujer tienta?
           Y así, vosotros estad,
           de todo cuanto suceda,
           a la mira.

Soberbia y   Así lo haremos　　　　　　　　　　　　695
Amor propio   porque acompañarte es fuerza.

Quinta parte

Teatro: *Los empeños de una casa*
Introducción a *Los empeños de una casa*

Esta obra fue escrita totalmente por Sor Juana, pues la segunda de sus obras dramáticas, *Amor es más laberinto*, la escribió en colaboración con un pariente suyo, el licenciado Juana de Guevara, quien era el Capellán mayor del convento de Monjas de Santa Inés en la ciudad de México.

Los empeños de una casa, es una obra de "capa y espada", una modalidad típica del teatro barroco. Es ésta una comedia alegre, ágil, risueña, totalmente representable actualmente.

Fue estrenada el 11 de enero de 1689 en el Palacio Virreinal, en ocasión del cumpleaños del nuevo virrey, el Conde de Galve.

Sobre el "teatro mexicano". El virreinato en la Nueva España también gozaba de espectáculos muy sofisticados, tal es el teatro que se representaba en la corte virreinal, aunque también en los espacios públicos, como apreciamos en el estudio del Neptuno Alegórico.

El centro de la vida cortesana del siglo XVII era el Real Palacio de México. Era también el palacio de los virreyes y sede de la Audiencia, la cárcel y otros tribunales. No obstante sus diferentes funciones, "en el transcurso del siglo XVII, sucesivos gobernantes embellecieron el conjunto de acuerdo con sus gustos y con las necesidades de una corte crecientemente refinada" (Escamilla González en *Historia de la vida cotidiana*, 371). Las mejoras y cambios continuaron hasta el gran tumulto popular que causara un incendio el 8 de junio de 1692, lo cual obligó a que se reconstruyera totalmente.

La corte novohispana estaba siempre ávida de diversión y para su entretenimiento, el teatro, la música y la poesía resultaban excelentes recursos.

Julieta Chufani Zendejas

Los artistas eran patrocinados por la misma corte virreinal, entre los cuales estaban Sor Juana Inés de la Cruz, Carlos de Sigüenza y Góngora, Alonso Ramírez de Vargas y Juan de Guevara. Cada uno fue recibiendo encargos cada vez más importantes, de tal suerte que "mientras Sor Juana producía comedias cortesanas o villancicos para las funciones religiosas, Ramírez de Vargas se especializaba como cronista de festejos oficiales y Sigüenza se convertía en apologista oficioso del gobierno del conde de Galve" (393).

Las ganancias económicas y el éxito dependían mucho de la relación que se establecía con la corte. En cuanto a Sor Juana, los famosos y hermosos versos de "Lysi", la marquesa de la Laguna, amén de otras virreinas, le aseguraron su espacio de creatividad dentro de la corte por más de 20 años.

Los empeños de una casa
(Comedia famosa)
Sor Juana Inés de la Cruz

Festejo de *Los empeños de una casa*
Loa que precedió a la comedia que se sigue

Personajes:
LA DICHA
LA FORTUNA
LA DILIGENCIA
EL MÉRITO
EL ACASO
MÚSICA

MÚSICA   Para celebrar cuál es
de las dichas la mayor,
a la ingeniosa palestra
convoca a todos mi voz.
¡Venid al pregón;   5
atención, silencio, atención, atención!
Siendo el asunto, a quién puede
atribuirse mejor,

si al gusto de la Fineza,
o del Mérito al sudor, 10
¡venid todos, venid, venid al pregón
de la más ingeniosa, lucida cuestión!
¡Atención, silencio, atención, atención!

(Salen el Mérito y la Diligencia, por un lado; y por otro, la Fortuna y el Acaso.)

Mérito	Yo vengo al pregón; mas juzgo que es superflua la cuestión.	15
Fortuna	Yo, que tanta razón llevo, a vencer, no a lidiar voy.	
Acaso	Yo no vengo a disputar lo que puedo darme yo.	
Música	¡Venid todos, venid, venid al pregón de la más ingeniosa, lucida cuestión! ¡Atención, silencio, atención, atención!	20
Mérito	Sonoro acento que llamas, pause tu canora voz. Pues si el asunto es, cuál sea de las dichas la mayor y a quién debe atribuirse después su consecución, punto que determinado por la natural razón está ya, y aun sentenciado (como se debe) a favor del Mérito, ¿para qué es ponerlo en opinión?	25

30 |
| Diligencia | Bien has dicho. Y pues lo eres tú, y yo parte tuya soy, | 35 |

que la Diligencia siempre
al Mérito acompañó:
pues aunque Mérito seas,
si no te acompaño yo, 40
llegas hasta merecer,
pero hasta conseguir, no
(que Mérito, a quien, de omiso,
la Diligencia faltó,
se queda con el afán, 45
y no alcanza el galardón);
pero supuesto que ahora
estamos los dos,
pues el Mérito eres tú
y la Diligencia yo, 50
no hay que temer competencias
de Fortuna.

FORTUNA ¿Cómo no,
pues vosotros estrechar
queréis mi jurisdicción;
mayormente cuando traigo 55
al Acaso en mi favor?

MÉRITO ¿Pues al Mérito hacer puede
la Fortuna oposición?

FORTUNA Sí; pues ¿cuándo la Fortuna
al Mérito no venció? 60

DILIGENCIA Cuando al Mérito le asiste
la Diligencia.

ACASO ¡Qué error!
Pues a impedir un Acaso,
¿qué Diligencia bastó?

Diligencia	Muchas veces hemos visto que puede la prevención quitar el daño al Acaso.	65
Acaso	Si se hace regulación, las más veces llega cuando ya el Acaso sucedió.	70
Mérito	Fortuna: llevar no puedo, que quiera tu sinrazón quitarme a mí de la Dicha la corona y el blasón. Ven acá. ¿Quién eres para oponerte a mi valor, más que una deidad mentida que la indignación formó? Pues cuando en mi tribunal los privo de todo honor, se van a ti los indignos en grado de apelación. ¿Eres tú más que un tirano tan bárbaramente atroz, que castiga sin delito y premia sin elección? ¿Eres tú más que un efugio del interés y el favor, y una razón que se da por obrar la sinrazón? ¿No eres tú del desconcierto un mal regido reloj, que si quiere da las veinte al tiempo de dar las dos? ¿No eres tú de tus alumnos la más fatal destrucción, pues al que ayer levantaste, intentas derribar hoy? ¿Eres más...?	75 80 85 90 95

Julieta Chufani Zendejas

FORTUNA ¡Mérito, calla;
pues tu vana presunción, 100
en ser discurso se queda
sin pasar a oposición!
¿De qué te sirve injuriarme,
si cuando está tu furor
envidiando mis venturas, 105
las estoy gozando yo?
Si sabes que, en cualquier premio
en que eres mi opositor,
te quedas tú con la queja
y yo con la posesión, 110
¿de qué sirve la porfía?
¿No te estuviera mejor
el rendirme vasallaje
que el tenerme emulación?
Discurre por los ejemplos 115
pasados. ¿Qué oposición
me has hecho, en qué decir puedas
que has salido vencedor?
En la destrucción de Persia,
donde asistí, ¿qué importó 120
tener Darío el derecho,
si ayudé a Alejandro yo?
Y cuando quise después
desdeñar al Macedón,
¿le defendió de mis iras 125
el ser del Mundo Señor?
Cuando se exaltó en el trono
Tamorlán con mi favor,
¿no hice una cerviz real
grada del pie de un pastor? 130
Cuando quise hacer a César
en Farsalia vencedor,
¿de qué le sirvió a Pompeyo

el estudio y la razón?
Y el más hermoso prodigio, 135
la más cabal perfección
a que el Mérito no alcanza,
a un Acaso se rindió.
¿Quién le dio el hilo a Teseo?
¿Quién a Troya destruyó? 140
¿Quién dio las armas a Ulises,
aunque Ayax las mereció?
¿No soy de la paz y guerra
el árbitro superior,
pues de mi voluntad sola 145
pende su distribución?

DILIGENCIA No os canséis en argüir;
pues la voz que nos llamó,
de oráculo servirá,
dando a nuestra confusión 150
luz.

ACASO Sí, que no Acaso fue
el repetir el pregón:

MÚSICA ¡Atención, atención, silencio, atención!

MÉRITO Voz, que llamas importuna
a tantas, sin distinguir: 155
¿a quién se ha de atribuir
aquesta ventura?

MÚSICA A una.

FORTUNA ¿De cuáles, si son opuestas?

MÚSICA De éstas.

DILIGENCIA	¿Cuál? Pues hay en el teatro...	160
MÚSICA	Cuatro.	
ACASO	Sí; ¿mas a qué fin rebozas?	
MÚSICA	Cosas.	
FORTUNA	Aunque escuchamos medrosas, hallo que van pronunciando los ecos que va formando:	165
MÚSICA	A una de estas cuatro cosas.	
MÉRITO	Mas ¿quién tendrá sin desdicha...?	
MÚSICA	La Dicha.	
FORTUNA	Si miro que para quien...	170
MÚSICA	Es bien.	
MÉRITO	¿A quién es bien que por suya...?	
MÚSICA	Se atribuya.	
DILIGENCIA	Pues de fuerza ha de ser tuya; que juntando el dulce acento dice que al Merecimiento...	175
MÚSICA	La Dicha es bien se atribuya.	
ACASO	¿Se dará, sin embarazo...?	
MÚSICA	Al Acaso.	

ACASO	¿Y qué pondrá en consecuencia?	180
MÚSICA	Diligencia.	
ACASO	Sí; mas ¿cuál es fundamento?	
MÚSICA	Merecimiento.	
ACASO	Y lo logrará oportuna...	
MÚSICA	Fortuna.	185
ACASO	Bien se ve que sólo es una, pero da la preeminencia...	
MÚSICA	Al Acaso, Diligencia, Merecimiento y Fortuna.	
MÉRITO	Atribuirlo a un tiempo a todas, no es posible; pues confusas sus cláusulas con las nuestras, confunden lo que articulan. Vamos juntando los ecos que responden a cada una, para formar un sentido de tantas partes difusas.	190 195
FORTUNA	Bien has dicho, pues así se penetrará su oscura inteligencia.	
ACASO	Con eso podrá ser que se construya su recóndito sentido.	200
DILIGENCIA	Pues digamos todas juntas	

	con la Música, ayudando	
	las cláusulas que pronuncia:	205
Todos y	A una de estas cuatro cosas	
La música	la Dicha es bien se atribuya:	
	al Acaso, Diligencia,	
	Merecimiento y Fortuna.	
Mérito	Nada responde, supuesto	210
	que ha respondido que a una	
	se le debe atribuir,	
	con que en pie deja la duda;	
	pues no determina cuál.	
Fortuna	Sin duda, que se reduzca	215
	a los argumentos quiere.	
Acaso	Sin duda, que se refunda	
	en el Acaso, es su intento.	
Diligencia	Sin duda, que se atribuya,	
	pretende a la Diligencia.	220
Mérito	¡Oh qué vanas conjeturas,	
	siendo el Mérito primero!	
Fortuna	Si no lo pruebas, se duda.	
Mérito	Bien puede uno ser dichoso	
	sin tener Merecimiento;	225
	pero este mismo contento	
	le sirve de afán penoso:	
	pues siempre está receloso	
	del defecto que padece,	
	y el gusto le desvanece,	230
	sin alcanzarlo jamás.	

Música	Luego no es dichoso, más de aquel que serlo merece.	
Música	¡Que para ser del todo feliz, no basta el tener la ventura, sino el gozarla!	235
Fortuna	Tu razón no satisfaga: pues antes, de ella se infiere que la que el Mérito adquiere no es ventura, sino paga; y antes, el deleite estraga, pues como ya se antevía, no es novedad la alegría. Luego, en sentir riguroso, sólo se llama dichoso el que no lo merecía.	240 245
Música	¡Que para ser del todo grande una Dicha, no ha de ser esperada sino improvisa!	250
Acaso	Del Acaso, una sentencia dice que se debe hacer mucho caso, pues el ser pende de la contingencia. Y aun lo prueba la evidencia, pues no se puede dar paso sin que intervenga el Acaso; y no hacer de él caso, fuera grave error: pues en cualquiera caso, hace el Acaso al caso.	255 260

Julieta Chufani Zendejas

MÚSICA	¡Porque, ordinariamente, son las venturas más hijas del Acaso que de la industria!	265
DILIGENCIA	Este sentir se condena; pues que es más ventura, es llano, labrarla uno de su mano, que esperarla de la ajena. Pues no podrán darle pena riesgos de la contingencia, y aun en la común sentencia se tiene por más segura; pues dice que es la ventura hija de la Diligencia.	270 275
MÚSICA	¡Y así, el temor no tiene de perder dichas, el que, si se le pierden, sabe adquirirlas!	
MÉRITO	¡Aunque, a la primera vista, cada uno (al parecer) tiene razón, es engaño: pues de la Dicha el laurel sólo al Mérito le toca, pues premio a su sudor es.	280 285
MÚSICA	¡No es!	
MÉRITO	¡Sí es!	
FORTUNA	No es, sino de la Fortuna, cuya soberbia altivez, es la máquina del orbe estrecha basa a sus pies.	290

MÚSICA	¡No es!
FORTUNA	¡Sí es!
DILIGENCIA	No es, sino condigno premio
de la Diligencia; pues
si allá se pide de gracia,
aquí como deuda es.   295
MÚSICA	¡No es!
DILIGENCIA	¡Sí es!
ACASO	No es tal; porque si el Acaso
su causa eficiente es,
claro está que será mía,
pues soy yo quien la engendre.   300
MÚSICA	¡No es!
ACASO	¡Sí es!
MÉRITO	Baste ya, que esta cuestión
se ha reducido a porfía;
y pues todo se vocea
y nada se determina,   305
mejor es mudar de intento.
FORTUNA	¿Cómo?
MÉRITO	Invocando a la Dicha;
que, pues la que hoy viene a casa
se tiene por más divina
que humana, como deidad   310
sabrá decir, de sí misma,
a cuál de nosotros cuatro
debe ser atribuida.

Fortuna	Yo cederé mi derecho,	
	sólo con que ella lo diga.	315
	Mas ¿cómo hemos de invocarla,	
	o adónde está?	
Diligencia	En las delicias	
	de los Elisios, adonde	
	sólo es segura la Dicha.	
	Mas ¿cómo hemos de invocarla?	320
Acaso	Mezclando, con la armonía	
	de los coros, nuestras voces.	
Diligencia	Pues empezad sus festivas	
	invocaciones, mezclando	
	el respeto a la caricia.	325

(Cantan y representan.)

Mérito	¡Oh Reina del Elisio coronada!
Fortuna	¡Oh Emperatriz de todos adorada!
Diligencia	¡Común anhelo de las intenciones!
Acaso	¡Causa final de todas las acciones!
Mérito	¡Riqueza, sin quien pobre es la riqueza! 330
Fortuna	¡Belleza, sin quien fea es la belleza;
Mérito	sin quien Amor no logra sus dulzuras;
Fortuna Diligencia	sin quien Poder no logra sus alturas; sin quien el mayor bien en mal se vuelve;

ACASO	con quien el mal en bienes se resuelve!	335
MÉRITO	¡Tú, que donde tú asistes no hay desdicha!	
FORTUNA	En fin ¡tú, Dicha!	
ACASO	¡Dicha!	
DILIGENCIA	¡Dicha!	
MÉRITO	¡Dicha!	
TODOS	¡Ven, ven a nuestras voces; porque tú misma sólo, descifrar puedes de ti el enigma!	340

(Dentro, un clarín.)

MÚSICA	¡Albricias, albricias!	
TODOS	¿De qué la pedís?	
MÚSICA	De que ya benigna a la invocación se muestra la Dicha. ¡Albricias, albricias!	345

(Córrense dos cortinas, y aparece la Dicha, con corona y cetro.)

MÉRITO	¡Oh, qué divino semblante!	
FORTUNA	¡Qué beldad tan peregrina!	
DILIGENCIA	¡Qué gracia tan milagrosa!	350

Julieta Chufani Zendejas

ACASO ¿Pues cuándo no fue la Dicha
hermosa?

MÉRITO Todas lo son;
mas ninguna hay que compita
con aquésta. Pero atiende
a ver lo que determina. 355

DICHA Ya que, llamada, vengo
a informar de mí misma,
y a ser de vuestro pleito
el árbitro común que lo decida;
y pues es la cuestión, 360
a quién mejor, la Dicha,
por razones que alegan,
de los cuatro, ser debe atribuida:
el Mérito me alega
tenerme merecida, 365
como que equivalieran
a mi valor sagrado sus fatigas;
la Diligencia alega
que en buscarme me obliga,
como que humana huella 370
pudiera penetrar sagradas cimas;
la Fortuna, más ciega,
de serlo se acredita,
pues quiere en lo sagrado
tener jurisdicciones electivas; 375
y el Acaso, sin juicio
pretende, o con malicia,
el que la Providencia
por un acaso se gobierne y rija.
Y para responderos 380
con orden, es precisa
diligencia advertiros
que no soy yo de las vulgares dichas:

que ésas, la Diligencia
es bien que las consiga,   385
que el Mérito las gane,
que el Acaso o Fortuna las elijan;
mas yo mido, sagrada,
distancias tan altivas,
que a mi elevado solio   390
no llegan impresiones peregrinas.
Y ser yo de Fortuna
dádiva, es cosa indigna:
que de tan ciegas manos,
no son alhajas dádivas divinas.   395
Del Mérito, tampoco:
que sagradas caricias
pueden ser alcanzadas,
pero nunca ser pueden merecidas.
Pues soy (mas con razón   400
temo no ser creída,
que ventura tan grande,
aun la dudan los ojos que la miran)
la venida dichosa
de la excelsa María   405
y del invicto Cerda,
que eternos duren y dichosos vivan.
Ved si a Dicha tan grande
como gozáis, podría
Diligencia ni Acaso,   410
Mérito ni Fortuna, conseguirla.
Y así, pues pretendéis
a alguno atribuirla,
sólo atribuirse debe
tanta ventura a su grandeza misma,   415
y al José generoso,
que, sucesión florida,
a multiplicar crece
los triunfos de su real progenie invicta.

Julieta Chufani Zendejas

      Y pues ya conocéis   420
      que, a tan sagrada Dicha,
      ni volar la esperanza,
      ni conocerla pudo la noticia,
      al agradecimiento
      los júbilos se sigan,   425
      que si no es recompensa,
      de gratitud al menos se acredita.

MÉRITO   Bien dice: celebremos
      la gloriosa venida
      de una dicha tan grande   430
      que en tres se multiplica.
      Y alegres digamos
      a su hermosa vista:
      ¡Bien venida sea
      tan sagrada Dicha,   435
      que la Dicha siempre
      es muy bien venida!

MÚSICA   ¡Bien venida sea;
      sea bien venida!

FORTUNA   Bien venida sea   440
      la excelsa María,
      diosa de la Europa,
      deidad de las Indias.

ACASO   Bien venido sea
      el Cerda, que pisa   445
      la cerviz ufana
      de América altiva.

MÚSICA   ¡Bien venida sea;
      sea bien venida!

MÉRITO	Bien en José venga	450
	la Belleza misma,	
	que ser más no puede	
	y a crecer aspira.	
MÚSICA	¡Bien venida sea;	
	sea bien venida!	455
FORTUNA	Y a ese bello Anteros	
	un Cupido siga,	
	que sus glorias parta	
	sin disminuirlas.	
DICHA	Porque de una y otra	460
	casa esclarecida,	
	crezca a ser gloriosa,	
	generosa cifra.	
FORTUNA	Fortuna a su arbitrio	
	esté tan rendida,	465
	que pierda de ciega	
	la costumbre antigua.	
MÚSICA	¡Bien venida sea;	
	sea bien venida!	
MÉRITO	Mérito, pues es	470
	tan de su familia,	
	como nació en ella,	
	eterno le asista.	
MÚSICA	¡Bien venida sea;	
	sea bien venida!	475
DILIGENCIA	Diligencia siempre	
	tan fina le asista,	
	que aumente renombres	
	de ser más activa.	

Julieta Chufani Zendejas

MÚSICA	¡Bien venida sea; sea bien venida!	480
ACASO	El Acaso, tanto se esmere en servirla, que haga del Acaso venturas precisas.	485
MÚSICA	¡Bien venida sea; sea bien venida!	
FORTUNA	En sus bellas damas, cuya bizarría, de Venus y Flora, es hermosa envidia,	490
MÚSICA	¡bien venida sea; sea bien venida!	
MÉRITO	Y pues esta casa, a quien iluminan tres soles con rayos, un alba con risa,	495
ACASO	no ha sabido cómo festejar su Dicha si no es con mostrarse de ella agradecida,	500
DILIGENCIA	que a merced, que en todo es tan excesiva que aun de los deseos pasa la medida,	505
FORTUNA	nunca hay recompensa, y si alguna hay digna, es sólo el afecto que hay a recibirla:	

MÉRITO	que al que las deidades	510
	al honor destinan,	
	el Mérito dan	
	con las honras mismas;	
ACASO	y porque el festejo	
	pare en alegría,	515
	los coros acordes	
	otra vez repitan:	
MÚSICA	¡Bien venida sea	
	tan sagrada Dicha,	
	que la Dicha siempre	520
	es muy bien venida!	
DICHA	¡Y sea en su Casa,	
	porque eterna viva,	
	como la Nobleza,	
	vínculo la Dicha!	525
FORTUNA	Y porque a la causa es bien	
	que estemos agradecidas,	
	repetid conmigo todos:	
TODOS	¡Que con bien su señoría	
	ilustrísima haya entrado,	530
	pues en su entrada festiva,	
	fue la dicha de su entrada	
	la entrada de nuestra Dicha!	
MÚSICA	¡Fue la dicha de su entrada,	
	la entrada de nuestra Dicha!	535

Índice

Cuadro cronológico de Sor Juana Inés de la Cruz	2
Prólogo	11

Primera parte
De poesía, canto y espectáculo: el villancico

Antecedentes del villancico	21
La canción y el villancico	22
De la estructura de los villancicos	22
El villancico en el siglo XVII en España	22
El villancico en la Nueva España	24
Los villancicos de Sor Juana	25
El feminismo de Sor Juana en el *Villancico a Santa Catarina*	28

Segunda parte
1680-1688 Época de gran producción literaria de poesía, prosa y teatro

Introducción a *El Neptuno Alegórico: Obra de arquitectura efímera*	31
Características de *El Neptuno Alegórico*	32
Estructura de *El Neptuno Alegórico*	33

La crisis del Sermón o Carta Atenagórica

Antecedentes de *Respuesta a sor Filotea*	37
Introducción a *Respuesta a sor Filotea*	38
Respuesta a la poetisa a la muy ilustre sor Filotea	39

Tercera parte

Antología poética de Sor Juana Inés de la Cruz

Introducción a la Poesía amorosa de Sor Juana	71
Finjamos que soy feliz	72
Que resuelve con ingenuidad sobre problemas entre las instancias de la obligación y el afecto	73
Con que, en sentidos afectos, preluda al dolor de una ausencia	74
Introducción a los sonetos de Sor Juana	74
Esta tarde, mi bien, cuando te hablaba	75
Detente sombra de mi bien esquivo	76
Procura desmentir los elogios a un retrato de la poetisa	77
Quéjase de la suerte: insinúa su aversión a los vicios y justifica su divertimento a las musas	77
Introducción a las redondillas de Sor Juana	78
En que describe racionalmente los afectos irracionales del amor	78
Hombres necios: la redondilla contra los hombres	81
Hombres necios que acusáis	82
Al que ingrato me deja, busco amante	84
Amor empieza por desasosiego	85
Correspondencias entre amar o aborrecer	85
De la beldad de Laura enamorados	86

Cuarta parte
Primero sueño

Introducción a *Primero Sueño*	87
Primero Sueño de Sor Juana Inés de la Cruz (versión prosificada)	89

El Divino Narciso

Sobre *El Divino Narciso*	109
Sor Juana y los autos sacramentales	109
Antecedentes de los autos sacramentales	110

Estructura de los autos sacramentales 110
La originalidad de Sor Juana en *El Divino Narciso* 110
Sobre las características mítico-teológicas en *El Divino Narciso* 112
El Divino Narciso 114

Quinta parte
Teatro: los empeños de una casa

Introducción a *Los empeños de una casa* 137
Sobre el "teatro mexicano" 137
Los empeños de una casa (Comedia famosa) 138

Bibliografía 163

Bibliografía

Beuchot, Mauricio. "Conclusión: Sor Juana y el saber filosófico" en: www.Ilusvives.com/servelet/Sirve Obras/ mexico

De la Cruz, Sor Juana. *Obras escogidas*. Selección, notas y bibliografía por Carlos Merlo. México: Bruguera Mexicana de editores, S.A. 1968.

_____. *Los empeños de una casa*. Prólogo Julio Jiménez Rueda. México: UNAM, 1964.

_____. *Obra selecta*. Selección y Prólogo Margo Glanz. Venezuela: Editorial Ayacucho, 1994.

Tomos I y II.

Historia de la vida cotidiana en México. La ciudad barroca. Dirigida por Pilar Gonzalbo Aispuru, coordinado por Antonio Rubial García. México: FCE/COLMEX, 2005. Tomo II.

Lazo, Raimundo. *Páginas críticas*. La Habana: Editorial letras Cubanas, 1983.

Leiva, Raúl. *Introducción a Sor Juana. Sueño y realidad*. México: UNAM, 1975.

López, Carlos. *Redacción en movimiento. Herramientas para el cultivo de la palabra*. México: Editorial Praxis, 2006.

Julieta Chufani Zendejas

Moreno Fernández, César. *Introducción a la poesía*. México: FCE, 1962.

Paz, Octavio. *Sor Juana Inés de la Cruz o Las trampas de la fe*. México: FCE, 1990.

Perelmuter, Rosa. *El análisis de los recursos retóricos de Sor Juana* en: "La estructura retórica de la Respuesta a sor Filotea" (1983). www.jstor.org/stabel/472725.

_____. *Noche intelectual: La oscuridad idiomática en el primero Sueño*. México: UNAM, Instituto de Investigaciones Filológicas, Centro de Estudios Literarios, 1982.

Sor Juana y su mundo. Una mirada actual. "Arquitectura efímera e imagen del poder" por Fernando Checa; "El villancico novohispano" de Marta Lilia Tenorio. Edición de Sara Poot Herrera. México: Universidad del Claustro de Sor Juana, 1995.

Antología de Sor Juana Inés de la Cruz,
de Julieta Chufani Zendejas, fue impreso y terminado en mayo
de 2013, en Encuadernaciones Maguntis, Iztapalapa,
México, D. F. Teléfono: 5640 9062.
Preprensa: Daniel Bañuelos Vázquez

❖❖❖

Cuidado de la edición: Rosario Cortés

Made in the USA
Columbia, SC
23 April 2018